Primera leccion de impuestos en Estados Unidos: Una Guía Práctica para Hispanos que Quieren Entender sus Taxes, Evitar Errores y Perderle el Miedo al IRS

Senda Clara

Table of contents

Introducción: Tu dinero, tus reglas

Carlos llegó a Estados Unidos con dos maletas, un primo que lo recibió en New Jersey y la convicción de que si trabajaba duro, todo lo demás se iría acomodando. Y así fue, al menos en la superficie. Consiguió trabajo en construcción, después se movió a un restaurante, y con el tiempo terminó en una empresa de landscaping que le pagaba con un cheque cada dos semanas. En ese cheque, religiosamente, aparecían unas líneas que le descontaban dinero antes de que él pudiera tocarlo. Federal tax, state tax, Social Security, Medicare. Carlos no entendía ninguna de esas líneas, pero asumía que así funcionaban las cosas en este país y que no había nada que hacer al respecto.

Cada abril, Carlos iba con un señor que un compañero de trabajo le había recomendado. El tipo tenía una oficina pequeña en un segundo piso, cobraba ciento cincuenta dólares y le prometía un refund grande. Carlos firmaba donde le decían, pagaba lo que le pedían y unas semanas después recibía un depósito que sentía como un premio. Nunca preguntó qué decía la declaración que estaba firmando. Nunca supo si le estaban reclamando todos los créditos a los que tenía derecho. Nunca se enteró de que su filing status estaba mal, de que podía haber declarado como cabeza de familia en lugar de soltero, ni de que ese cambio solo le habría significado varios cientos de dólares más cada año. Durante seis años, Carlos dejó miles de dólares sobre la mesa, dinero que legalmente le pertenecía pero que nunca reclamó porque nadie le explicó que existía.

La historia de Carlos no es única. Es la historia de millones de hispanos que viven y trabajan en Estados Unidos y que cada año enfrentan la temporada de taxes con una mezcla de confusión, ansiedad y resignación. Algunos pagan de más porque no conocen las deducciones y créditos disponibles. Otros pagan de menos sin saberlo y viven con el miedo constante de que un día el IRS toque su puerta. Muchos firman declaraciones que no entienden, preparadas por personas que a veces ni siquiera tienen licencia para hacerlo. Y una cantidad enorme simplemente no declara, convencida de que es mejor no aparecer en el radar, sin saber que esa decisión puede traer consecuencias mucho peores que cualquier error en un formulario.

El problema no es falta de inteligencia ni falta de ganas. El problema es que el sistema tributario de Estados Unidos fue diseñado en inglés, explicado en inglés y documentado en inglés, y durante décadas nadie se tomó la molestia de traducirlo de forma que realmente sirviera. No hablo solo de traducir palabras, sino de traducir conceptos, de explicar con ejemplos que tengan sentido para alguien que creció en otro sistema fiscal, en otro país, con otra relación con el gobierno. Cuando tú vienes de un lugar donde los impuestos se descuentan automáticamente y nunca tienes que presentar nada, llegar aquí y descubrir que se espera que tú declares, que tú calcules, que tú decidas entre deducción estándar y detallada, es como aterrizar en otro planeta sin manual de instrucciones.

Este libro es ese manual.

Pero necesito aclarar algo desde el principio: este libro no te va a convertir en contador. No va a reemplazar a un profesional de impuestos cuando tu situación lo requiera. Lo que sí va a hacer es darte algo que vale más que cualquier software o cualquier preparador de taxes: comprensión. Cuando tú entiendes cómo funciona el sistema, dejas de ser víctima de él. Cuando sabes qué significan los números en tu W-2, qué créditos existen para tu situación familiar, cómo funcionan los pagos estimados si trabajas por tu cuenta, y qué hacer cuando recibes una carta del IRS, ya nadie puede aprovecharse de tu desconocimiento. Ya no firmas a ciegas. Ya no aceptas cualquier refund como si fuera un favor. Ya no vives con ese nudo en el estómago cada vez que alguien menciona la palabra taxes.

Y hablemos del IRS por un momento, porque sé que para muchos de nosotros esas tres letras cargan un peso emocional enorme. Crecimos escuchando que el IRS es el coco, que te puede quitar todo, que si cometes un error te deportan o te meten preso. La realidad es muy distinta. El IRS es una agencia de recaudación. Su trabajo es cobrar impuestos, no perseguir familias trabajadoras. Tiene programas de ayuda, ofrece planes de pago, publica información en español y hasta tiene un servicio gratuito de preparación de taxes para personas de bajos y medianos ingresos. El IRS no es tu enemigo. Tu enemigo es la desinformación. Y eso es exactamente lo que vamos a combatir en estas páginas.

Este libro está organizado para que lo puedas leer de principio a fin como un curso completo, o para que vayas directo al capítulo que necesitas según tu situación. Empieza por los fundamentos: cómo funciona el sistema, qué documentos necesitas, cuál es tu estatus para declarar. Después avanza hacia las herramientas que te ponen dinero en el bolsillo: deducciones y créditos que probablemente no estás aprovechando. Hay un capítulo dedicado exclusivamente a quienes trabajan por cuenta propia o reciben pagos por 1099, porque esa es una de las áreas donde más errores y más dinero perdido se ven en nuestra comunidad. También vas a encontrar capítulos sobre los errores más comunes y cómo evitarlos, sobre qué hacer si recibes correspondencia del IRS, y sobre situaciones que afectan directamente a los hispanos: declarar con ITIN, manejar ingresos del extranjero, entender qué pasa con tus taxes cuando te casas, tienes un hijo o compras tu primera casa.

Si eres empleado con un W-2 y nunca has entendido lo que te descuentan de tu cheque, este libro es para ti. Si trabajas por tu cuenta y cada trimestre sientes que estás adivinando cuánto pagar, este libro es para ti. Si estás pensando en emprender o ya tienes un negocio pequeño y quieres asegurarte de hacer las cosas bien desde el principio, este libro es para ti. Y si simplemente estás cansado de sentir que el sistema de taxes es un misterio diseñado para confundirte, este libro es especialmente para ti.

No necesitas experiencia previa. No necesitas saber de contabilidad. Solo necesitas lo que ya tienes: las ganas de entender y la disposición de tomar control de tu dinero. Lo demás te lo doy yo en las próximas páginas, en tu idioma, con ejemplos claros y sin rodeos.

Tu dinero, tus reglas. Empecemos.

Capítulo 1 — Cómo funciona el sistema americano

Antes de hablar de formularios, deducciones o créditos, necesitamos entender algo fundamental: cómo está armado el sistema de impuestos en Estados Unidos. Porque la mayoría de los errores que comete nuestra comunidad no vienen de llenar mal una casilla, sino de no tener claro el panorama general. Es como intentar armar un mueble sin haber visto la imagen de cómo se supone que debe quedar al final. Puedes tener todas las piezas y todas las herramientas, pero si no sabes qué estás construyendo, vas a terminar con tornillos de sobra y una repisa que se cae sola.

Empecemos por el nombre que todos conocen pero pocos entienden: el IRS. Esas tres letras significan Internal Revenue Service, que traducido sería algo así como el Servicio de Rentas Internas. Es la agencia del gobierno federal encargada de recaudar los impuestos y de hacer cumplir las leyes tributarias del país. Eso es todo. No es un tribunal, no es la policía, no es una agencia de inmigración. El IRS no tiene nada que ver con tu estatus migratorio, no comparte información con ICE y no tiene como misión arruinarle la vida a nadie. Su trabajo, en términos simples, es asegurarse de que cada persona y cada empresa pague lo que le corresponde según la ley, ni más ni menos.

Ahora, ¿por qué existe la declaración anual? Aquí es donde muchos hispanos se confunden, porque en varios de nuestros países de origen los impuestos se manejan de otra forma. En México, en Colombia, en República Dominicana, en muchos países de América Latina, si eres empleado asalariado, la empresa te descuenta lo que debes y tú nunca tienes que presentar nada. El gobierno ya tiene tu dinero y no necesita que hagas ningún trámite adicional. Llegas a Estados Unidos y descubres que aquí no funciona así. Aquí, aunque tu empleador te descuente impuestos de cada cheque, tú eres responsable de presentar una declaración al final del año donde básicamente le dices al gobierno: esto gané, esto me descontaron, estos créditos y deducciones me corresponden, y este es el resultado final. A veces ese resultado es que te deben dinero a ti, y otras veces es que tú les debes a ellos. Pero el punto es que la responsabilidad de hacer esa cuenta recae en ti, no en tu empleador y no en el gobierno.

Esa es la primera gran diferencia que tienes que grabar en tu mente: en Estados Unidos, el sistema opera bajo el principio de autodeclaración. Tú declaras, tú calculas, tú presentas. El IRS después verifica. Esto no significa que estés solo, porque hay herramientas, software y profesionales que te pueden ayudar. Pero la responsabilidad legal es tuya. Si tu declaración tiene un error, el responsable eres tú, aunque la haya preparado otra persona. Por eso es tan importante que entiendas lo que estás firmando, y por eso estás leyendo este libro.

Ahora vamos a algo que confunde incluso a personas que llevan años viviendo aquí: la diferencia entre impuestos federales, estatales y locales. Porque cuando la gente habla de "taxes" en general, está metiendo en la misma bolsa tres cosas que en realidad son independientes entre sí.

Los impuestos federales son los que cobra el gobierno central, el que está en Washington, D.C. Estos impuestos aplican a todas las personas que generan ingresos en Estados Unidos, sin importar en qué estado vivas. El dinero que se recauda a nivel federal paga cosas como la defensa nacional, los programas de Social Security y Medicare, la infraestructura del país, y el funcionamiento de todas las agencias federales, incluido el propio IRS. Cuando presentas tu declaración federal usando el formulario 1040, estás rindiendo cuentas con este nivel de gobierno. Las tasas de impuesto federal son progresivas, lo que significa que no pagas el mismo porcentaje sobre todo tu ingreso. Hay tramos. Los primeros dólares que ganas se gravan a una tasa más baja, y a medida que ganas más, los dólares adicionales se gravan a tasas más altas. Esto es importante entenderlo porque mucha gente cree que si "sube de tax bracket" va a terminar llevándose menos dinero a casa, y eso no es cierto. Solo los dólares que caen dentro del tramo más alto se gravan a esa tasa, no todos tus ingresos. Vamos a profundizar en esto más adelante, pero por ahora quédate con la idea de que el sistema federal está diseñado en escalones, no en un solo porcentaje fijo.

Los impuestos estatales son otra historia completamente separada. Cada estado en Estados Unidos tiene su propio gobierno y sus propias reglas fiscales. Algunos estados cobran impuesto sobre el ingreso y otros no. Texas, Florida, Nevada, Washington, Wyoming, Alaska, Tennessee, South Dakota y New Hampshire no cobran impuesto estatal sobre el ingreso. Si vives en uno de esos estados, solo tienes que preocuparte por la declaración federal. Pero si vives en California, Nueva York, Illinois, New Jersey o la mayoría de los otros estados, vas a tener que presentar dos declaraciones cada año: una federal y una estatal. Son formularios distintos, cálculos distintos y en muchos casos fechas límite distintas. El dinero que recaudan los estados se usa para financiar servicios estatales como escuelas públicas, carreteras, hospitales, policía estatal y programas sociales dentro de ese estado. Las tasas varían muchísimo de un estado a otro. California, por ejemplo, tiene una de las tasas más altas del país, mientras que estados como Florida atraen a mucha gente precisamente porque no cobran ese impuesto.

Y después están los impuestos locales, que son los que cobran los condados, las ciudades o los municipios. No todos los lugares los cobran, pero algunas ciudades grandes sí lo hacen. El ejemplo más conocido es Nueva York: si vives y trabajas en la ciudad de Nueva York, además de pagar impuestos federales y estatales, también pagas un impuesto municipal. Lo mismo ocurre en ciudades como Philadelphia, Detroit, y algunas localidades de

Ohio e Indiana. Estos impuestos locales suelen ser un porcentaje más pequeño, pero se suman, y si nadie te los explica, pueden tomarte por sorpresa cuando ves tu cheque y no entiendes por qué te están descontando tanto.

Entonces, para que te quede claro: cuando alguien dice "pago muchos taxes", en realidad está pagando a varios gobiernos distintos al mismo tiempo. El federal se lleva su parte, el estatal se lleva otra, y en algunos casos el local también toma un pedazo. Cada uno tiene sus propias reglas, sus propios formularios y sus propias deducciones. No es un solo sistema, son varios sistemas apilados uno encima del otro. Suena complicado, y la verdad es que sí tiene su complejidad, pero una vez que entiendes la estructura, todo empieza a tener sentido. Es como aprender que tu cheque no tiene un solo descuento misterioso, sino varios descuentos específicos que van a lugares específicos por razones específicas.

Esta distinción entre federal, estatal y local es el primer ladrillo de tu conocimiento tributario. A partir de aquí, cada concepto que vamos a ver en los siguientes capítulos va a conectarse con esta base. Cuando hablemos de deducciones, vas a saber que algunas aplican a nivel federal pero no estatal. Cuando hablemos de créditos, vas a entender por qué un crédito federal puede cambiar tu declaración federal sin afectar la estatal. Y cuando hablemos de planificación, vas a poder tomar decisiones informadas considerando el panorama completo, no solo una parte de la foto.

Por ahora, lo que necesitas llevarte de esta sección es esto: el IRS no es tu enemigo, es la agencia que administra los impuestos federales. La declaración anual es tu responsabilidad, no la de tu empleador. Y los impuestos que pagas no van a un solo lugar, sino a distintos niveles de gobierno que operan de manera independiente. Con eso claro, estás listo para entender todo lo que viene después.

Hay una frase en inglés que resume cómo funciona el cobro de impuestos en Estados Unidos: "pay as you go", que significa "paga sobre la marcha". Este concepto es absolutamente central para entender tu relación con el IRS y, sin embargo, casi nadie en nuestra comunidad lo conoce. La mayoría de los hispanos descubre cómo funciona cuando ya es demasiado tarde, cuando recibe una factura inesperada o cuando se da cuenta de que ese refund que esperaba no va a llegar.

La idea es sencilla: el gobierno de Estados Unidos no quiere esperar hasta el final del año para recibir su dinero. Quiere que le vayas pagando a lo largo del año, poco a poco, a medida que vas generando ingresos. Si eres empleado y recibes un cheque de nómina, esto sucede automáticamente a través de lo que se llama retenciones o "withholdings". Tu empleador calcula un estimado de lo que vas a deber en impuestos al final del año y va apartando esa cantidad de cada cheque que te paga. Esos descuentos que ves en tu talón de pago bajo conceptos como "Federal Income Tax", "State Income Tax", "Social Security" y "Medicare" no son dinero que desaparece. Es dinero que tu empleador envía directamente al IRS y a la agencia tributaria de tu estado en tu nombre. Básicamente, tu patrón actúa como intermediario entre tú y el gobierno.

Ahora, ¿cómo sabe tu empleador cuánto descontarte? Ahí es donde entra el formulario W-4, ese papel que te dieron cuando empezaste a trabajar y que probablemente llenaste sin entender muy bien lo que estabas poniendo. El W-4 es el documento donde tú le indicas a tu empleador tu situación personal: si eres soltero o casado, cuántos dependientes tienes, si quieres que te descuenten más o menos de cada cheque. Con esa información, el empleador usa unas tablas del IRS para calcular cuánto retener. Si llenaste el W-4 correctamente, las retenciones deberían ser bastante cercanas a lo que realmente debes al final del año. Si lo llenaste mal, o si tu situación cambió durante el año y no actualizaste el formulario, vas a terminar con una sorpresa en abril, para bien o para mal.

Y aquí llegamos a uno de los malentendidos más grandes que existe en la comunidad hispana: el refund. Escucho constantemente a personas que hablan del refund como si fuera un regalo del gobierno, un bono anual, una especie de premio por haber trabajado todo el año. "Este año me dieron tres mil de refund", dicen con orgullo, como si el IRS les hubiera regalado ese dinero. La realidad es completamente distinta. Un refund no es un regalo. Es una devolución. Es dinero que era tuyo desde el principio, que te descontaron de más durante el año, y que el gobierno te está regresando porque nunca le pertenecía.

Piénsalo de esta manera. Imagina que cada vez que vas al supermercado, en lugar de cobrarte el precio exacto de lo que compras, el cajero te cobra cincuenta dólares de más "por si acaso". Al final del año, el supermercado revisa las cuentas y te devuelve los seiscientos dólares que te cobró de más. ¿Estarías contento con ese sistema? Probablemente no. Probablemente preferirías que te cobraran lo correcto desde el principio y tener ese dinero disponible todo el año para usarlo como tú quieras. Eso es exactamente lo que pasa con un refund grande. Significa que durante doce meses le diste un préstamo sin intereses al gobierno. Dinero que pudiste haber usado para pagar deudas, para ahorrar, para invertir o simplemente para vivir mejor cada mes.

Esto no quiere decir que recibir un refund sea malo. A veces, ciertos créditos tributarios como el Earned Income Tax Credit o el Child Tax Credit generan un refund que va más allá de lo que te retuvieron, y eso sí es dinero adicional que el gobierno te da como beneficio. Pero si tu refund viene simplemente de que te descontaron demasiado de cada cheque, la solución no es celebrar en abril, sino ajustar tu W-4 para que tus retenciones sean más precisas y tengas más dinero disponible durante el año.

Ahora, ¿qué pasa si no eres empleado? ¿Qué pasa si trabajas por tu cuenta, si te pagan por trabajos sin que nadie te retenga impuestos, si recibes 1099 en lugar de W-2? Ahí el concepto de "pay as you go" sigue aplicando, pero la responsabilidad cae completamente sobre ti. Nadie te descuenta nada. Nadie envía dinero al IRS en tu nombre. Eres tú quien tiene que calcular cuánto debe y enviar pagos estimados cada trimestre. Si no lo haces, al final del año no solo vas a deber el impuesto completo, sino que además el IRS te puede cobrar una multa por no haber pagado sobre la marcha. Este es uno de los tropiezos más dolorosos para los hispanos que trabajan de forma independiente, y lo vamos a cubrir a fondo en el capítulo seis. Por ahora, lo importante es que entiendas el principio: el gobierno espera recibir tu dinero a lo largo del año, no todo junto en abril.

Uno de los primeros pasos para perderle el miedo a los taxes es saber exactamente cuándo ocurre cada cosa. La ansiedad muchas veces no viene de la complejidad del proceso, sino de la incertidumbre. No saber cuándo tienes que presentar, cuándo te van a cobrar, cuándo llegan los documentos, cuándo empieza y termina la temporada fiscal. Cuando conoces las fechas, puedes prepararte. Y cuando te preparas, dejas de reaccionar en pánico y empiezas a actuar con calma.

El año fiscal en Estados Unidos para la mayoría de las personas coincide con el año calendario: empieza el primero de enero y termina el treinta y uno de diciembre. Todo lo que ganes entre esas dos fechas es lo que vas a reportar en tu declaración. Pero la temporada de presentación no empieza el primero de enero. Normalmente el IRS abre la recepción de declaraciones a finales de enero, usualmente alrededor de la tercera o cuarta semana del mes. Antes de esa fecha, aunque quieras declarar temprano, no puedes porque el sistema simplemente no está abierto.

Enero y febrero son meses de recopilación. Es cuando tu empleador tiene la obligación legal de enviarte tu W-2, y el plazo límite para que lo haga es el treinta y uno de enero. Lo mismo aplica para los formularios 1099: si trabajaste como contratista independiente, las empresas que te pagaron deben enviarte un 1099-NEC antes del final de enero. Si tienes inversiones, intereses bancarios, o ciertos otros tipos de ingresos, esos formularios también empiezan a llegar durante febrero. Tu trabajo durante estos dos meses es simple pero crucial: recoger todos esos documentos, revisarlos y asegurarte de que la información sea correcta. Si un W-2 tiene tu nombre mal escrito o un número equivocado, ese es el momento de contactar a tu empleador para que lo corrija, no en abril cuando ya estás contra el reloj.

La fecha que todo el mundo conoce, o debería conocer, es el quince de abril. Ese es el plazo límite para presentar tu declaración federal de impuestos y para pagar lo que debas. Si el quince cae en fin de semana o en un día feriado, la fecha se mueve al siguiente día hábil, pero en general, abril quince es la fecha que tienes que tener grabada. Ahora, mucha gente confunde dos cosas que son distintas: presentar la declaración y pagar lo que debes. Puedes pedir una extensión para presentar, pero no puedes pedir una extensión para pagar. Esto es importantísimo y lo voy a repetir porque genera confusión constante: la extensión te da más tiempo para enviar los formularios, pero no te da más tiempo para pagar el impuesto. Si debes dinero y no pagas antes del quince de abril, vas a acumular intereses y posibles multas desde ese día, aunque hayas pedido la extensión.

Hablando de extensiones, el proceso es mucho más sencillo de lo que la gente cree. Si necesitas más tiempo, presentas el formulario 4868, que puedes enviar electrónicamente, y automáticamente obtienes seis meses adicionales para presentar tu declaración. El nuevo plazo pasa a ser el quince de octubre. No necesitas dar una razón, no necesitas que nadie te apruebe nada, simplemente lo solicitas y se te concede. Pero insisto: si estimas que vas a deber dinero, envía un pago con esa solicitud de extensión. No tiene que ser el monto exacto, puede ser un estimado, pero envía algo. Eso te va a reducir significativamente los intereses y las multas si al final resulta que debías más.

Hay otras fechas que importan y que la mayoría de la gente ignora. Si eres trabajador independiente y haces pagos estimados trimestrales, esos pagos vencen el quince de abril, el quince de junio, el quince de septiembre y el quince de enero del año siguiente. Fíjate que los trimestres no son exactamente iguales en duración, lo cual confunde a mucha gente. El primer "trimestre" cubre de enero a marzo, el segundo solo abril y mayo, el tercero de junio a agosto, y el cuarto de septiembre a diciembre. Es un calendario irregular, pero es el que el IRS usa y el que tienes que seguir si quieres evitar multas por pago insuficiente.

¿Qué pasa si simplemente no declaras? Esta es una pregunta que muchos se hacen pero pocos se atreven a investigar. La respuesta depende de tu situación. Si te debían dinero a ti, es decir, si tus retenciones fueron mayores que tu obligación fiscal, no hay multa por presentar tarde. Pierdes tiempo para recibir tu refund, pero no te penalizan. Eso sí, tienes un plazo de tres años para reclamar un refund. Si pasan tres años desde la fecha en que debiste presentar y no lo hiciste, ese dinero se pierde para siempre. El gobierno se lo queda. Ahora, si eres tú quien debe dinero al IRS y no presentas ni pagas, la situación se complica. Hay dos multas distintas que se empiezan a acumular. La primera es la multa por no presentar, que generalmente es del cinco por ciento del impuesto que debes por cada mes de retraso, con un máximo del veinticinco por ciento. La segunda es la multa por no pagar, que es del medio por ciento mensual sobre el saldo que debas. Además, se cobran intereses sobre todo lo anterior. Con el tiempo, una deuda manejable se puede convertir en una cantidad mucho mayor simplemente por no haber actuado a tiempo.

La lección aquí es clara: aunque no puedas pagar lo que debes, siempre presenta tu declaración. Presentar a tiempo aunque debas dinero reduce significativamente las multas. Y si debes y no puedes pagar todo de golpe, el IRS ofrece planes de pago que vamos a ver en detalle más adelante. La peor decisión que puedes tomar es esconderte, no declarar y esperar que nadie se dé cuenta. El IRS se va a dar cuenta, porque tu empleador y tus clientes ya reportaron lo que te pagaron. La información ya está en el sistema. Lo único que logras al no presentar es acumular multas e intereses que se podrían haber evitado.

Tener este calendario claro cambia todo. Sabes que en enero recoges documentos, que en febrero verificas que todo esté correcto, que en marzo o principios de abril presentas tu declaración o solicitas una extensión, y que a lo largo del año, si eres independiente, envías tus pagos estimados en las fechas correspondientes. No hay misterio, no hay sorpresas, no hay pánico. Solo un proceso ordenado que repites cada año y que, con la práctica, se vuelve tan natural como pagar cualquier otra cuenta.

Capítulo 2 — Documentos que debes conocer

Si hay algo que caracteriza al sistema de impuestos en Estados Unidos es el papel. Formularios con nombres que parecen códigos militares, casillas numeradas que nadie te explica, letras y números que se mezclan hasta que todo parece un idioma extranjero dentro de otro idioma extranjero. Para alguien que creció en un país donde nunca tuvo que llenar un formulario tributario, enfrentarse a un W-2 por primera vez puede ser tan desorientador como recibir instrucciones en mandarín. Y lo peor no es la confusión inicial, sino lo que viene después: firmar sin entender, entregar documentos sin saber qué dicen, y confiar ciegamente en que la persona que te prepara los taxes sabe lo que está haciendo. En este capítulo vamos a cambiar eso. Vamos a hablar de los formularios más importantes que vas a encontrar en tu vida fiscal, y los vamos a traducir no solo al español, sino al sentido común.

Empecemos con el W-4, porque cronológicamente es el primero que vas a tocar. El W-4 no es un formulario de impuestos en el sentido tradicional. No se lo envías al IRS, no aparece en tu declaración y no determina cuánto debes. Lo que hace es decirle a tu empleador cuánto debe descontarte de cada cheque. Es el formulario que te dan el primer día de trabajo, junto con la montaña de papeles de recursos humanos, y que la mayoría de la gente llena a la carrera sin prestarle mucha atención. Error grande. Porque lo que pongas en ese W-4 va a definir si te descuentan mucho, poco o lo justo de cada pago, y eso afecta directamente cuánto recibes de refund o cuánto debes al final del año.

El W-4 te pide información básica: tu nombre, tu dirección, tu número de Social Security y tu filing status, es decir, si eres soltero, casado o cabeza de familia. Hasta ahí es sencillo. Donde la gente se pierde es en la sección donde puedes indicar ajustes adicionales. Puedes reclamar créditos que anticipas recibir, como el Child Tax Credit, para que te descuenten menos de cada cheque. También puedes pedir que te descuenten una cantidad extra por periodo si prefieres tener un refund más grande al final del año en lugar de recibir más dinero en cada pago. No hay una respuesta correcta universal. Depende de tu situación y de cómo prefieras manejar tu flujo de dinero. Pero lo que sí es universalmente cierto es que no puedes ignorarlo. Cada vez que cambies de trabajo, que te cases, que tengas un hijo o que tu situación financiera cambie significativamente, deberías revisar y actualizar tu W-4. Muchos hispanos llenan uno cuando empiezan un empleo y nunca lo vuelven a tocar en años, aunque su vida haya cambiado completamente. Eso es como programar el GPS con una dirección vieja y sorprenderte cuando no llegas a donde querías.

Ahora pasemos al formulario que probablemente ya conoces de nombre aunque nunca lo hayas leído con atención: el W-2. Este es el documento que tu empleador te envía antes del final de enero de cada año, y es el resumen de todo lo que pasó financieramente entre tú y esa empresa durante el año anterior. Tu W-2 te dice cuánto te pagaron en total, cuánto te retuvieron en impuestos federales, cuánto en impuestos estatales y locales, cuánto aportaste a Social Security y Medicare, y otras informaciones como contribuciones a planes de retiro o beneficios de salud.

El W-2 tiene varias casillas identificadas con letras y números. Las más importantes para ti son estas. La casilla uno muestra tus salarios, propinas y otras compensaciones sujetas a impuesto federal. Este es el número gordo, el que vas a usar como base para tu declaración. La casilla dos muestra cuánto te retuvieron en impuestos federales durante el año. Ese es el dinero que ya le pagaste al IRS a través de tu empleador. Cuando hagas tu declaración, vas a comparar lo que debías pagar con lo que ya pagaste. Si pagaste de más, recibes refund. Si pagaste de menos, debes la diferencia. Las casillas tres y cinco muestran tus ingresos sujetos a Social Security y Medicare respectivamente, y las casillas cuatro y seis muestran cuánto te retuvieron para cada uno de esos programas. Más abajo, las casillas quince a diecisiete se refieren a información estatal: el estado donde trabajaste, tu ingreso sujeto a impuesto estatal y cuánto te retuvieron para el estado.

Si trabajaste para más de un empleador durante el año, vas a recibir un W-2 de cada uno. Tienes que incluir todos en tu declaración. No puedes elegir cuáles reportar y cuáles no, porque cada uno de esos empleadores ya le informó al IRS exactamente cuánto te pagó. Si tú no reportas un W-2, el sistema del IRS lo va a detectar automáticamente y te va a llegar una carta que no quieres recibir.

Pasemos ahora al mundo del 1099, que es donde las cosas se ponen un poco más variadas. El 1099 no es un solo formulario, sino una familia entera de formularios que reportan distintos tipos de ingresos que no son salario de un empleador. Si el W-2 es para empleados, el 1099 es para casi todo lo demás.

El más común en nuestra comunidad es el 1099-NEC, donde NEC significa Non-Employee Compensation, o compensación de no empleado. Si trabajaste como contratista independiente, si te pagaron por un trabajo de plomería, landscaping, limpieza, diseño, traducción o cualquier servicio donde no eras empleado formal de la empresa, y esa empresa te pagó seiscientos dólares o más durante el año, te van a enviar un 1099-NEC. Ese formulario simplemente dice cuánto te pagaron. No muestra retenciones porque no te retuvieron nada. Todo lo que aparece ahí es ingreso bruto, y tú eres responsable de pagar los impuestos correspondientes.

Después está el 1099-INT, que reporta intereses que ganaste. Si tienes una cuenta de ahorros en un banco y esa cuenta generó más de diez dólares en intereses durante el año, el banco te va a enviar un 1099-INT. Mucha gente ignora este formulario porque la cantidad suele ser pequeña, pero es ingreso gravable y debe reportarse. También existe el 1099-DIV, que es similar pero aplica a dividendos de inversiones. Si tienes acciones o fondos mutuos que te pagaron dividendos, vas a recibir este formulario.

Otro que aparece frecuentemente es el 1099-G, que reporta pagos del gobierno. El ejemplo más común es el beneficio de desempleo. Si recibiste unemployment en algún momento del año, ese dinero es ingreso gravable y te van a enviar un 1099-G con el monto total. Muchos hispanos se sorprenden al descubrir que el desempleo paga impuestos, porque cuando recibían los cheques nadie les descontó nada y asumieron que ese dinero estaba libre de taxes. No lo está. Y si no lo reportas, el IRS lo sabe porque el mismo estado que te pagó el desempleo también le reportó esa información al gobierno federal.

Y finalmente, el formulario que lo junta todo: el 1040. Este es tu declaración de impuestos federales. Es el documento donde tomas toda la información de tus W-2, tus 1099, tus deducciones, tus créditos y tu situación personal, y calculas cuánto debes o cuánto te deben. El 1040 es la pieza central de tu vida tributaria. Todo lo demás, todos los formularios que acabamos de ver, alimentan al 1040.

El 1040 puede parecer intimidante la primera vez que lo ves, pero en realidad sigue una lógica bastante directa. Empieza con tu información personal: nombre, dirección, número de Social Security, filing status. Después pasa a los ingresos: salarios, intereses, dividendos, ingresos de negocio, y todo lo demás que hayas ganado. Suma todo eso y tienes tu ingreso total. Luego vienen los ajustes, que son ciertas deducciones que puedes restar antes de llegar a tu ingreso ajustado bruto, conocido como AGI.

Después aplicas tu deducción estándar o tus deducciones detalladas para llegar a tu ingreso gravable, que es la cantidad sobre la que realmente vas a calcular tu impuesto. Finalmente, calculas el impuesto, le restas los créditos a los que tienes derecho, comparas el resultado con lo que ya pagaste a través de retenciones y pagos estimados, y determinas si te deben o si debes.

Hoy en día, la mayoría de la gente no llena el 1040 a mano. El software de preparación de taxes lo hace por ti, y un preparador profesional también lo genera automáticamente. Pero eso no te libera de la responsabilidad de entender qué dice. Porque al final del proceso, cuando ese formulario llega al IRS, lleva tu nombre y tu firma. Y si algo está mal, la respuesta "no sabía lo que decía" no te va a proteger de las consecuencias. Saber leer tus formularios no es un lujo ni un conocimiento reservado para contadores. Es la herramienta más básica que tienes para proteger tu dinero, y a partir de ahora, la tienes.

Hay una escena que se repite en miles de hogares hispanos cada marzo. Alguien abre un cajón de la cocina, saca un montón de papeles arrugados, sobres sin abrir y recibos que llevan meses acumulando polvo, los pone todos sobre la mesa y dice: "Bueno, hay que hacer los taxes." Lo que sigue son horas de frustración buscando un W-2 que jura que llegó pero no aparece, un recibo de donación que sabe que guardó en algún lado, y un formulario del banco que probablemente terminó en la basura junto con la publicidad que llegó el mismo día. Si alguna vez te has encontrado en esa situación, no estás solo. Pero tampoco tienes que seguir así.

La organización de tus documentos fiscales no es un tema glamoroso ni emocionante, pero es probablemente el hábito que más dinero te puede ahorrar a largo plazo. No porque los papeles en sí valgan dinero, sino porque la falta de documentación es la razón número uno por la que la gente pierde deducciones, comete errores en su declaración y entra en pánico cuando recibe una carta del IRS pidiendo comprobantes. El IRS puede auditar tu declaración hasta tres años después de que la presentaste, y en ciertos casos de errores significativos ese plazo se extiende a seis años. Si no puedes demostrar lo que declaraste, el IRS tiene todo el derecho de rechazar tus deducciones y créditos, y cobrarte la diferencia más intereses y multas.

Entonces, ¿qué documentos necesitas guardar y por cuánto tiempo? La regla general del IRS es que conserves todos los registros relacionados con tu declaración de impuestos durante al menos tres años a partir de la fecha en que presentaste o de la fecha límite de presentación, lo que sea posterior. Si presentaste tu declaración del año dos mil veinticuatro el quince de marzo del dos mil veinticinco, deberías guardar esos documentos hasta al menos el quince de abril del dos mil veintiocho. Pero hay excepciones. Si reportaste ingresos de menos por una cantidad que supere el veinticinco por ciento de tu ingreso bruto, el plazo sube a seis años. Y si no presentaste declaración o presentaste una declaración fraudulenta, no hay límite de tiempo. El IRS puede ir tan atrás como quiera. Por eso la recomendación práctica es conservar todo durante al menos siete años y olvidarte de las excepciones.

Los documentos que debes guardar incluyen todos los formularios de ingresos que recibiste: W-2 de cada empleador, todos los 1099 que te hayan enviado, registros de cualquier otro ingreso que hayas recibido aunque no te hayan dado formulario. También necesitas conservar los comprobantes de tus deducciones. Si dedujiste gastos médicos, guarda las facturas y los recibos. Si dedujiste donaciones a caridades, guarda los recibos de donación y las cartas de agradecimiento de las organizaciones. Si eres trabajador independiente y dedujiste gastos de negocio, guarda cada factura, cada recibo de compra de materiales, los registros de millaje si usas tu vehículo para trabajar, y los comprobantes de pagos de servicios como teléfono e internet que hayas deducido parcialmente. Además de todo esto, guarda una copia completa de tu declaración tal como la presentaste, incluyendo todos los anexos y formularios complementarios. Y si recibiste un refund, guarda el comprobante del depósito o del cheque.

Ahora, guardar no significa amontonar. Un sistema de organización no tiene que ser sofisticado para funcionar. La versión más simple que puedes implementar hoy mismo es esta: consigue una carpeta o un sobre de manila grande para cada año fiscal. Ponle la etiqueta con el año en un lugar visible. Cada vez que recibas un documento fiscal, desde enero hasta que presentes tu declaración, lo metes en esa carpeta. Cuando termines de declarar, metes también una copia de tu declaración completa, cierras la carpeta y la guardas. Eso es todo. No necesitas un archivador profesional ni un sistema complicado de categorías. Una carpeta por año, todo adentro, guardada en un lugar seguro y seco durante siete años.

Pero si quieres dar un paso más, la versión digital es todavía mejor. La mayoría de los documentos fiscales ahora están disponibles electrónicamente. Tu empleador puede darte acceso a tu W-2 en línea. Tu banco publica los 1099-INT en tu portal de cuenta. Los servicios de preparación de taxes guardan copias digitales de tus declaraciones. Lo que te recomiendo es crear una carpeta en tu computadora, en tu teléfono o en un servicio de almacenamiento en la nube como Google Drive, y replicar el mismo sistema: una carpeta por año. Cada vez que recibas un documento en papel, tómale una foto con el teléfono o escanéalo y guárdalo en la carpeta digital correspondiente. De esa manera, si el papel original se pierde, se moja o se lo come el perro, siempre tienes un respaldo. Y si algún día recibes una carta del IRS pidiendo comprobantes, puedes buscar en tu carpeta digital en treinta segundos en lugar de revolver la casa entera.

El objetivo no es convertirte en un archivista profesional. El objetivo es que cuando llegue la temporada de taxes, tengas todo en un solo lugar, que no pierdas tiempo buscando papeles, que no pierdas deducciones por falta de comprobantes y que puedas responder a cualquier pregunta del IRS con documentación en mano. Ese hábito simple, mantenerlo durante el año en vez de improvisar en abril, es la diferencia entre una experiencia fiscal estresante y una que fluye sin drama.

Cada persona que interactúa con el sistema tributario de Estados Unidos necesita un número de identificación. Sin ese número, no puedes presentar una declaración, no puedes ser reclamado como dependiente y no puedes recibir créditos ni refunds. Hay dos tipos principales de números de identificación para individuos, y entender la diferencia entre ellos es fundamental, especialmente en nuestra comunidad donde la confusión sobre este tema es enorme y tiene consecuencias reales.

El primero y más conocido es el Social Security Number, o SSN. Este es un número de nueve dígitos que emite la Administración del Seguro Social, una agencia completamente separada del IRS. El SSN fue creado originalmente para rastrear las contribuciones de los trabajadores al sistema de seguridad social, pero con el tiempo se convirtió en el número de identificación principal para casi todo en Estados Unidos: abrir cuentas bancarias, solicitar crédito, obtener licencia de conducir, trabajar legalmente y, por supuesto, pagar impuestos. Si tienes autorización para trabajar en Estados Unidos, ya sea porque eres ciudadano, residente permanente o tienes un permiso de trabajo válido, puedes obtener un SSN. Generalmente lo recibes automáticamente cuando te aprueban tu estatus migratorio, aunque en algunos casos necesitas solicitarlo directamente en una oficina del Seguro Social.

El segundo número, y el que genera más preguntas y más malentendidos, es el ITIN. Estas letras significan Individual

Taxpayer Identification Number, o Número de Identificación Personal del Contribuyente. El ITIN es un número de nueve dígitos que emite el IRS, no el Seguro Social, y está diseñado específicamente para personas que tienen obligación de pagar impuestos en Estados Unidos pero que no califican para obtener un SSN. Físicamente se parece mucho a un Social Security Number, con el mismo formato de tres dígitos, guion, dos dígitos, guion, cuatro dígitos. Pero siempre empieza con el número nueve, y el cuarto y quinto dígito caen dentro de ciertos rangos específicos que lo distinguen de un SSN.

Aquí es donde necesito ser muy claro porque hay mitos peligrosos circulando en la comunidad. El ITIN no es un permiso de trabajo. Tener un ITIN no te autoriza a trabajar legalmente en Estados Unidos, no cambia tu estatus migratorio, no te da derecho a recibir beneficios del Seguro Social y no sirve como identificación válida fuera del contexto tributario. Lo que sí hace es permitirte cumplir con tus obligaciones fiscales. Y esto es algo que mucha gente no entiende: la ley tributaria de Estados Unidos aplica a todas las personas que generan ingresos en el país, independientemente de su estatus migratorio. Si ganaste dinero aquí, el IRS espera que declares y pagues impuestos, seas ciudadano, residente, tengas visa, o estés indocumentado. El ITIN existe precisamente para que esas personas que no tienen SSN puedan cumplir con la ley fiscal.

Para obtener un ITIN, necesitas presentar el formulario W-7 ante el IRS, junto con tu declaración de impuestos federal y documentación que pruebe tu identidad y tu estatus de extranjero. El documento más comúnmente aceptado es el pasaporte vigente de tu país de origen. Si no tienes pasaporte, hay una lista de documentos alternativos que el IRS acepta, como la matrícula consular, identificaciones nacionales o actas de nacimiento, pero generalmente necesitas presentar una combinación de dos o más de estos documentos alternativos. Puedes enviar el W-7 por correo directamente al IRS, o puedes acudir a un agente de aceptación certificado, que son personas autorizadas por el IRS para verificar tus documentos originales y enviar la solicitud en tu nombre. La ventaja de usar un agente de aceptación es que no tienes que enviar tus documentos originales por correo y arriesgarte a perderlos. La desventaja es que algunos cobran una tarifa por el servicio, así que vale la pena comparar opciones.

Un detalle importante que mucha gente desconoce es que los ITIN vencen. Si no has usado tu ITIN en una declaración federal durante tres años consecutivos, se desactiva y necesitas renovarlo antes de poder usarlo de nuevo. También vencen según el año en que fueron emitidos, por ciclos que el IRS anuncia periódicamente. Si tu ITIN está vencido y presentas una declaración con él, el IRS va a procesar tu declaración pero puede retrasar cualquier refund hasta que renueves el número. La renovación se hace con el mismo formulario W-7, marcando que es una renovación en lugar de una solicitud nueva.

Ahora viene la parte que más importa para quien tiene ITIN y está leyendo esto: tú tienes derechos fiscales. Puedes presentar tu declaración de impuestos. Puedes reclamar ciertas deducciones. Puedes abrir una cuenta bancaria usando tu ITIN como número de identificación fiscal. Y hay un beneficio a largo plazo que pocas personas conocen: mantener un historial de declaraciones de impuestos presentadas y pagadas puede ser favorable en ciertos procesos migratorios futuros. Aunque el IRS y las agencias de inmigración son entidades separadas, tener un récord limpio de cumplimiento fiscal demuestra buena conducta y responsabilidad, y algunos abogados de inmigración recomiendan activamente a sus clientes que declaren impuestos cada año precisamente por esa razón.

Eso sí, hay limitaciones que debes conocer. Con un ITIN no puedes reclamar el Earned Income Tax Credit, que es uno de los créditos más valiosos disponibles. Tampoco puedes usar el ITIN para obtener beneficios del Seguro Social ni para calificar para ciertos programas federales. Pero sí puedes reclamar el Child Tax Credit para tus hijos si ellos tienen SSN válido, y puedes acceder a créditos de educación y otras deducciones que apliquen a tu situación.

La diferencia entre SSN e ITIN se reduce a esto: el SSN es para quienes tienen autorización para trabajar, el ITIN es para quienes necesitan cumplir con sus impuestos pero no califican para SSN. Ambos son números legítimos emitidos por agencias del gobierno federal. Ninguno de los dos es motivo de vergüenza ni de miedo. Y ambos vienen con la misma responsabilidad: si generas ingresos en este país, se espera que declares y pagues lo que corresponde. Entender qué número tienes y cómo usarlo correctamente es uno de los pasos más importantes que puedes dar para protegerte a ti mismo y a tu familia dentro del sistema.

Capítulo 3 — Tu estatus y tu declaración

Hay una pregunta en la declaración de impuestos que aparece antes que cualquier número, antes que cualquier ingreso y antes que cualquier cálculo. Es una de las primeras cosas que te piden cuando te sientas a hacer tus taxes, y sin embargo es una de las que más gente contesta mal o sin pensar: ¿cuál es tu filing status? Tu estatus de declaración. Parece un dato administrativo menor, algo que simplemente marcas y sigues adelante. Pero la realidad es que tu filing status determina tu deducción estándar, los tramos de impuestos que se te aplican, los créditos a los que tienes acceso y el monto de muchos beneficios fiscales. Elegir el estatus equivocado puede costarte cientos o incluso miles de dólares al año. Y lo más frustrante es que el error no siempre es obvio. Puedes estar usando un estatus perfectamente válido y aun así estar pagando más de lo necesario porque había otro estatus, también válido para tu situación, que te convenía más.

El sistema tributario federal reconoce cinco estatus de declaración. Vamos a hablar de los cuatro que más afectan a nuestra comunidad, porque son los que vas a encontrar con mayor frecuencia en tu vida real.

El primero es Single, o soltero. Este estatus aplica si al último día del año fiscal, es decir al treinta y uno de diciembre, no estabas casado legalmente. También aplica si estabas divorciado o legalmente separado según las leyes de tu estado antes de que terminara el año. Es el estatus más directo y el que menos preguntas genera. Si no estás casado, eres Single. Sin embargo, muchas personas que marcan Single podrían en realidad calificar para un estatus diferente que les conviene más, y es ahí donde está el error costoso. Un padre soltero que mantiene su hogar y marca Single en lugar de Head of Household está literalmente tirando dinero.

El segundo estatus es Married Filing Jointly, o casado declarando en conjunto. Este es el que usan las parejas casadas que deciden presentar una sola declaración combinada. Juntas todos los ingresos de ambos, juntas todas las deducciones de ambos, y presentas un solo formulario como unidad familiar. Para la mayoría de las parejas casadas, este es el estatus que resulta en la menor cantidad de impuestos. Los tramos de impuesto son más amplios, lo que significa que puedes ganar más antes de saltar al siguiente porcentaje. La deducción estándar es el doble de la que recibe un soltero. Y muchos créditos, como el Earned Income Tax Credit, solo están disponibles o son más generosos cuando declaras en conjunto. Ahora, hay algo importante que debes saber: cuando presentas en conjunto, ambos cónyuges son responsables de todo lo que dice esa declaración. Si tu esposo o tu esposa no reportó ingresos, o reclamó deducciones falsas, y tú firmaste esa declaración, tú eres igualmente responsable ante el IRS. Esto no es para asustarte, es para que entiendas que declarar juntos requiere confianza y transparencia entre ambos.

El tercer estatus es Married Filing Separately, o casado declarando por separado. Este aplica a parejas casadas que por alguna razón prefieren o necesitan presentar declaraciones independientes. Cada uno reporta sus propios ingresos, reclama sus propias deducciones y paga su propio impuesto. Suena justo y lógico, pero fiscalmente casi siempre es la opción más cara. Cuando declaras por separado siendo casado, pierdes acceso a varios créditos importantes, la deducción estándar se reduce a la mitad de lo que recibiría la pareja declarando juntos, y ciertos beneficios como créditos educativos quedan completamente fuera de tu alcance. Entonces, ¿por qué alguien elegiría este estatus? Hay situaciones específicas donde tiene sentido. Si sospechas que tu cónyuge tiene problemas fiscales y no quieres ser responsable de su declaración, separar te protege legalmente.

Si uno de los dos tiene gastos médicos muy altos, declarar por separado puede permitir que esos gastos superen el umbral necesario para deducirlos, porque el umbral se calcula sobre el ingreso individual, no sobre el combinado. También es una opción que algunos eligen mientras están en proceso de divorcio, cuando la comunicación con la otra persona ya no es funcional. Pero fuera de esas circunstancias, declarar por separado casi siempre significa pagar más impuestos de los que pagarían declarando juntos.

Y ahora llegamos al estatus que más dinero le deja de ahorrar a la comunidad hispana simplemente porque la gente no sabe que existe: Head of Household, o cabeza de familia. Este estatus es una especie de categoría intermedia entre soltero y casado, y viene con beneficios significativos. Tu deducción estándar es considerablemente más alta que la de un soltero. Los tramos de impuestos son más amplios, lo que significa que pagas tasas más bajas sobre la misma cantidad de ingresos. Y tienes acceso a montos más generosos en ciertos créditos.

Para calificar como Head of Household necesitas cumplir tres requisitos. Primero, no debes estar casado al final del año, o debes haber vivido separado de tu cónyuge durante los últimos seis meses del año y cumplir ciertos criterios adicionales. Segundo, debes haber pagado más de la mitad del costo de mantener tu hogar durante el año. Esto incluye la renta o la hipoteca, los servicios como electricidad, agua y gas, la comida consumida en el hogar, y otros gastos básicos de la casa. Tercero, debes haber tenido un dependiente calificado viviendo contigo durante más de la mitad del año. En la mayoría de los casos ese dependiente es un hijo, pero también puede ser un padre u otro familiar que cumpla con los requisitos de dependencia.

Este tercer estatus es donde más errores veo en nuestra comunidad, y los errores van en ambas direcciones. Por un lado, hay madres y padres solteros que sostienen su hogar, mantienen a sus hijos y pagan todas las cuentas de la casa, pero marcan Single porque nadie les dijo que existía la opción de Head of Household. Están pagando más impuestos de los que deben cada año sin necesidad. Por otro lado, hay personas que marcan Head of Household sin cumplir los requisitos, ya sea porque no pagaron realmente más de la mitad de los gastos del hogar o porque su dependiente no vivió con ellos el tiempo suficiente. Ese error también sale caro, porque si el IRS lo detecta, te reclasifica como Single, te recalcula el impuesto y te cobra la diferencia más intereses.

Para que dimensiones la diferencia en números concretos, pensemos en un ejemplo. Tomemos a una madre soltera con un hijo que gana cuarenta y cinco mil dólares al año. Si declara como Single, su deducción estándar es de catorce mil seiscientos dólares aproximadamente. Pero si declara como Head of Household, su deducción estándar sube a alrededor de veintiún mil novecientos dólares. Eso significa que más de siete mil dólares adicionales de su ingreso quedan libres de impuesto. Dependiendo de su tramo, eso puede traducirse en un ahorro de entre ochocientos y mil quinientos dólares en impuestos federales. Cada año. Solo por marcar la casilla correcta. Multiplica eso por cinco o diez años de haber estado declarando como Single sin necesidad, y entiendes la magnitud del dinero que se queda sobre la mesa.

La elección de tu filing status no es algo que debas tomar a la ligera ni dejar en manos de alguien que no te conoce. Requiere que entiendas tu situación personal al treinta y uno de diciembre de cada año, porque ese es el día que cuenta. Si te casaste el treinta de diciembre, eres casado para todo el año fiscal aunque hayas sido soltero los otros trescientos sesenta y cuatro días. Si tu divorcio se finalizó el treinta y uno de diciembre, eres soltero para ese año completo. La ley mira tu estatus en el último día del año y aplica las reglas correspondientes.

Mi recomendación es que cada año, antes de sentarte a declarar, te hagas estas preguntas. ¿Estaba casado legalmente el último día del año? Si la respuesta es sí, mi siguiente pregunta es si me conviene más declarar juntos o separados, y en la enorme mayoría de los casos la respuesta va a ser juntos. Si la respuesta es que no estaba casado, la siguiente pregunta es si tengo un dependiente calificado que vivió conmigo y si pagué más de la mitad de los gastos de mi hogar. Si ambas respuestas son sí, probablemente califico como Head of Household y debería declarar bajo ese estatus. Solo si no cumplo con esos requisitos es cuando debo marcar Single.

Este ejercicio de tres preguntas toma menos de un minuto y puede ahorrarte cientos de dólares. Es el tipo de conocimiento que nadie te enseña cuando llegas a este país, que ningún preparador de taxes te explica a menos que tú preguntes, y que marca una diferencia real en tu bolsillo año tras año.

Pocas cosas generan tantos problemas con el IRS en la comunidad hispana como el tema de los dependientes. Y no es por mala fe. Es por confusión. En nuestra cultura, la familia es extensa y las responsabilidades se comparten. Mantienes a tus hijos, ayudas a tus padres, le mandas dinero a tu hermana, le das techo a tu sobrino que acaba de llegar. En tu mente, y con toda razón, todas esas personas dependen de ti. Pero para el IRS, la palabra "dependiente" tiene una definición legal muy específica, y si reclamas a alguien que no cumple con esa definición, no importa cuánto dinero gastes en esa persona, vas a tener problemas.

Reclamar dependientes importa porque afecta directamente cuánto pagas en impuestos. Cada dependiente que reclamas puede darte acceso a créditos valiosos como el Child Tax Credit, que puede valer hasta dos mil dólares por hijo, o el crédito por cuidado de dependientes, que te ayuda a deducir lo que gastas en guardería o cuidado infantil para poder trabajar. Además, tener dependientes puede determinar si calificas para el estatus de Head of Household, que como vimos en la sección anterior viene con una deducción estándar más alta y tramos de impuesto más favorables. En resumen, reclamar dependientes correctamente puede significar miles de dólares de diferencia en tu declaración. Y reclamarlos incorrectamente puede significar multas, devolución de créditos recibidos e intereses acumulados.

El IRS divide a los dependientes en dos categorías: hijos calificados y familiares calificados. Cada una tiene sus propios requisitos, y necesitas cumplir con todos, no solo con algunos, para poder reclamar a esa persona.

Para que un hijo sea considerado dependiente calificado, tiene que cumplir varias condiciones. Primero, la relación: debe ser tu hijo biológico, tu hijo adoptivo, tu hijastro, tu hijo de crianza, tu hermano, tu hermanastro o un descendiente de cualquiera de ellos, como un nieto o un sobrino. Segundo, la edad: el hijo debe tener menos de diecinueve años al final del año fiscal, o menos de veinticuatro si es estudiante de tiempo completo. No hay límite de edad si el hijo tiene una discapacidad permanente. Tercero, la residencia: el hijo debe haber vivido contigo durante más de la mitad del año. Hay excepciones para ausencias temporales como escuela, vacaciones o tratamiento médico, pero en general, el IRS quiere ver que esa persona realmente vivía en tu hogar. Cuarto, el soporte financiero: el hijo no debe haber proporcionado más de la mitad de su propio sustento durante el año. Y quinto, la declaración conjunta: el hijo no debe haber presentado una declaración conjunta con su cónyuge, salvo excepciones muy específicas.

Aquí es donde aparece uno de los errores más comunes. Dos personas reclaman al mismo hijo. Pasa frecuentemente en familias donde los padres están separados pero no divorciados formalmente, o donde el niño pasa tiempo en dos hogares distintos. El IRS tiene reglas claras para resolver este conflicto.

Si ambos padres quieren reclamar al mismo hijo, la preferencia la tiene el padre con quien el niño vivió más tiempo durante el año. Si el tiempo fue exactamente igual, la preferencia la tiene el padre con el ingreso más alto. No hay negociación, no hay excepción. Si dos personas reclaman al mismo dependiente, el sistema lo detecta automáticamente porque ambas declaraciones llevan el mismo número de Social Security del niño, y el IRS envía cartas a ambas partes pidiendo explicaciones. Esto retrasa refunds, genera estrés y puede terminar en una auditoría. La solución es sencilla: comunicarse antes de declarar y ponerse de acuerdo sobre quién va a reclamar al hijo ese año.

La segunda categoría es la de familiar calificado, y aquí es donde entran los padres, los abuelos y otros parientes que mantienes. Los requisitos son diferentes. La persona no tiene que vivir contigo, lo cual abre la puerta a padres que viven en otro estado o incluso en otro país, pero hay condiciones estrictas. La persona debe tener un ingreso bruto menor al umbral que el IRS establece cada año, que es relativamente bajo. Tú debes haber proporcionado más de la mitad del sustento de esa persona durante el año. Y la persona debe tener un SSN o un ITIN válido para que puedas reclamarla.

Este último requisito es el que más frustra a los hispanos que envían dinero a sus padres en el extranjero. Puedes estar mandando quinientos dólares mensuales a tu mamá en México, Guatemala o El Salvador. Puedes ser literalmente la única fuente de ingresos de esa persona. Pero si tu mamá no tiene un ITIN, no puedes reclamarla como dependiente en tu declaración federal. Es una limitación del sistema que afecta de manera desproporcionada a nuestra comunidad. Si esa es tu situación, la solución es ayudar a tu familiar a obtener un ITIN a través del formulario W-7, lo cual requiere cierta documentación y algo de paciencia, pero es completamente posible y legal. Una vez que tenga su ITIN, puedes reclamarla como dependiente si cumples con los demás requisitos.

Otro error frecuente en nuestra comunidad es reclamar a personas que simplemente no califican bajo ninguna de las dos categorías. Tu compadre que se está quedando en tu casa temporalmente no es tu dependiente. Tu primo que llegó hace tres meses y al que le das de comer no es tu dependiente, a menos que cumpla con todos los requisitos de familiar calificado. La generosidad no se traduce automáticamente en un beneficio fiscal. El IRS no cuestiona tu buena voluntad, pero sí cuestiona los números de tu declaración. Y si reclamaste a alguien que no califica, vas a tener que devolver los créditos que recibiste por esa persona, más intereses.

La regla de oro con los dependientes es simple: antes de reclamar a alguien, verifica que cumple con cada uno de los requisitos de una de las dos categorías. No asumas que porque le das dinero a alguien esa persona es tu dependiente. No asumas que porque vive contigo automáticamente califica. Revisa los requisitos uno por uno. Si los cumple todos, reclámalo con confianza. Si falta aunque sea uno, no lo reclames, porque el riesgo no vale la pena.

Una de las confusiones más universales que existe entre las personas que hacen sus taxes, y no solo entre hispanos sino entre casi todo el mundo, es creer que pagas impuestos sobre todo lo que ganas. Piensas que si ganaste cincuenta mil dólares en el año, el IRS te cobra un porcentaje sobre esos cincuenta mil. Eso no es cierto, y entender por qué no es cierto probablemente va a cambiar la forma en que ves tus impuestos para siempre.

En el sistema tributario de Estados Unidos hay tres conceptos de ingreso que necesitas distinguir, y cada uno es diferente del anterior. Son como tres escalones que van bajando, y tú pagas impuestos solamente sobre el último, el más bajo de los tres. Esos tres conceptos son: ingreso bruto, ingreso bruto ajustado y ingreso gravable.

El ingreso bruto es el número más grande. Es la suma total de todo lo que recibiste durante el año antes de cualquier descuento, deducción o ajuste. Incluye tu salario o tus salarios si tuviste más de un empleo. Incluye las propinas si trabajas en un restaurante o en un servicio donde recibes tips. Incluye los ingresos que recibiste como contratista independiente. Incluye intereses de tus cuentas bancarias, dividendos de inversiones, ingresos por renta si alquilas una propiedad, beneficios de desempleo, y prácticamente cualquier dinero que entró a tu vida durante el año por cualquier concepto. Hay algunas excepciones, como ciertos regalos y herencias que no cuentan como ingreso, y algunos beneficios de seguros de vida, pero la regla general es que si recibiste dinero o algo de valor, es parte de tu ingreso bruto.

Cuando sumas todo eso, tienes tu punto de partida. Pero no es tu destino.

El segundo escalón es el ingreso bruto ajustado, conocido por sus siglas en inglés como AGI, que significa Adjusted Gross Income. Este número es crucial porque es la referencia que usa el IRS para determinar si calificas para ciertos créditos, deducciones y beneficios. Muchos de ellos tienen límites basados en tu AGI. Si tu AGI es demasiado alto, pierdes acceso a ciertos créditos. Si está dentro de cierto rango, puedes acceder a otros. Por eso, reducir tu AGI legalmente es una de las estrategias más inteligentes que existen para pagar menos impuestos.

Para llegar a tu AGI, tomas tu ingreso bruto y le restas ciertos ajustes específicos que la ley permite. Estos ajustes se conocen informalmente como deducciones "above the line" porque aparecen antes de la línea del AGI en el formulario 1040. Entre los más comunes están las contribuciones a una cuenta IRA tradicional, los intereses que pagaste en préstamos estudiantiles, ciertos gastos de educadores si eres maestro, las contribuciones a una cuenta de ahorros de salud conocida como HSA, y la mitad del self-employment tax si trabajas por tu cuenta. Lo valioso de estos ajustes es que los puedes tomar sin importar si después usas la deducción estándar o las deducciones detalladas. Son universales, y sin embargo mucha gente no los conoce y no los aprovecha.

Un ejemplo concreto. Digamos que tu ingreso bruto es de cincuenta y cinco mil dólares. Durante el año contribuiste tres mil dólares a una IRA tradicional y pagaste mil quinientos dólares en intereses de tu préstamo estudiantil. Esos cuatro mil quinientos dólares se restan de tu ingreso bruto. Tu AGI queda en cincuenta mil quinientos dólares. Parece una diferencia modesta, pero ese ajuste puede ser suficiente para que califiques para un crédito que habrías perdido con el ingreso bruto completo, o para que tu impuesto caiga en un tramo más favorable.

Y finalmente llegamos al tercer escalón: el ingreso gravable, o taxable income. Este es el número sobre el que realmente se calcula tu impuesto federal. Para obtenerlo, tomas tu AGI y le restas tu deducción. Aquí es donde eliges entre la deducción estándar y las deducciones detalladas, algo que vamos a explorar en profundidad en el próximo capítulo. Por ahora, lo que necesitas saber es que la deducción estándar es una cantidad fija que el IRS establece cada año según tu filing status, y que la enorme mayoría de los contribuyentes la usa porque es más alta que el total de sus deducciones detalladas.

Sigamos con nuestro ejemplo para que los números hablen. Tu AGI era de cincuenta mil quinientos dólares. Si eres soltero, tu deducción estándar es de aproximadamente catorce mil seiscientos dólares. Restas esa cantidad y tu ingreso gravable queda en treinta y cinco mil novecientos dólares. Si eres cabeza de familia, la deducción estándar sube a cerca de veintiún mil novecientos dólares, y tu ingreso gravable baja a veintiocho mil seiscientos. Esa diferencia de más de siete mil dólares entre un estatus y otro se traduce directamente en menos impuesto, y es la misma razón por la que insistí tanto en la importancia de elegir el filing status correcto en la sección anterior.

El punto fundamental es este: de los cincuenta y cinco mil dólares que ganaste originalmente, después de ajustes y deducciones, estás pagando impuestos sobre una cantidad significativamente menor. No sobre todo lo que ganaste, sino sobre lo que queda después de que el sistema te permite restar ciertas cantidades. Y ese cálculo se hace de manera escalonada, con los tramos progresivos que mencionamos en el capítulo anterior. Los primeros once mil dólares de ingreso gravable se gravan al diez por ciento. Los siguientes dólares, hasta cierto límite, se gravan al doce por ciento. Luego al veintidós por ciento, y así sucesivamente. Cada tramo aplica solo a los dólares que caen dentro de ese rango, no a todo tu ingreso.

Entender esta progresión del ingreso bruto al ingreso gravable te da algo que muchos contribuyentes nunca tienen: perspectiva. Sabes que no pagas impuestos sobre todo tu sueldo. Sabes que hay ajustes que puedes hacer para reducir tu AGI. Sabes que la deducción estándar te quita otro pedazo significativo antes de que el cálculo final siquiera empiece. Y sabes que incluso sobre el ingreso gravable, la tasa que pagas no es una sola cifra plana sino un escalonamiento que empieza bajo y sube gradualmente. Cada uno de esos escalones es una oportunidad de ahorro si sabes cómo funciona. Y ahora lo sabes.

Capítulo 4 — Deducciones: el dinero que dejas ir

Cada año, millones de personas en Estados Unidos dejan dinero sobre la mesa por no entender una decisión que está justo en el centro de su declaración de impuestos. No es una decisión complicada, no requiere cálculos avanzados ni conocimiento de contabilidad. Es simplemente esto: ¿tomo la deducción estándar o uso deducciones detalladas? La mayoría de los hispanos ni siquiera sabe que esa decisión existe. Llegan con su preparador, firman lo que les ponen enfrente y nunca preguntan qué opción se usó ni por qué. Y aunque en la mayoría de los casos la deducción estándar es la mejor elección, asumir eso sin verificar es como comprar un boleto de avión sin comparar precios. A veces te va bien. A veces estás pagando mucho más de lo necesario.

Para entender esta decisión, primero necesitas entender qué es una deducción. En términos simples, una deducción es una cantidad de dinero que el gobierno te permite restar de tu ingreso antes de calcular cuánto debes en impuestos. No es un descuento directo sobre tu impuesto, eso sería un crédito, que es otra cosa y lo veremos en el capítulo siguiente. La deducción reduce la base sobre la que se calcula tu impuesto. Si ganas cincuenta mil dólares y tienes quince mil en deducciones, solo pagas impuestos sobre treinta y cinco mil. La deducción no te pone dinero en el bolsillo directamente, pero reduce la cantidad que el gobierno puede gravar, y eso se traduce en menos impuesto.

Ahora, el sistema te da dos caminos para llegar a esa reducción. El primero es la deducción estándar. Es una cantidad fija que el IRS establece cada año y que varía según tu filing status. No tienes que demostrar nada, no tienes que presentar recibos, no tienes que justificar gastos. Simplemente la tomas y se resta de tu ingreso. Para el año fiscal más reciente, la deducción estándar para una persona soltera ronda los catorce mil seiscientos dólares. Para alguien casado que declara en conjunto, es aproximadamente el doble, cerca de veintinueve mil doscientos. Para cabeza de familia, está alrededor de veintiún mil novecientos. Estos números se ajustan cada año por inflación, así que siempre vale la pena verificar la cifra exacta del año en que estás declarando.

El segundo camino es usar deducciones detalladas, que en inglés se llaman itemized deductions. En lugar de tomar la cantidad fija que ofrece la deducción estándar, tú sumas todos los gastos específicos que la ley te permite deducir y presentas ese total como tu deducción. La ventaja potencial es obvia: si tus gastos deducibles suman más que la deducción estándar, te conviene detallar porque reduces más tu ingreso gravable. La desventaja es que necesitas documentación, necesitas guardar recibos y comprobantes, y el proceso de preparación es más largo y más caro si usas un preparador profesional.

La pregunta entonces es sencilla. ¿Cuándo te conviene detallar? Solo cuando el total de tus deducciones detalladas supera el monto de la deducción estándar. Si la deducción estándar para tu estatus es de catorce mil seiscientos dólares y tus gastos deducibles suman doce mil, no tiene sentido detallar. Estarías eligiendo restar doce mil cuando podrías restar catorce mil seiscientos sin presentar un solo recibo. Parece obvio, pero la cantidad de gente que detalla sin necesidad, o que no detalla cuando debería, es sorprendente.

Antes de la reforma fiscal del dos mil diecisiete, conocida como el Tax Cuts and Jobs Act, la deducción estándar era significativamente más baja. En aquel entonces, alrededor del treinta por ciento de los contribuyentes detallaban sus deducciones porque sus gastos fácilmente superaban una deducción estándar que era mucho más pequeña. Esa reforma casi duplicó la deducción estándar de un día para otro. El resultado fue que la proporción de personas que detallan cayó dramáticamente. Hoy en día, cerca del noventa por ciento de los contribuyentes usa la deducción estándar. Y para la mayoría, es la decisión correcta.

Pero ese noventa por ciento incluye a un porcentaje de personas para quienes detallar sería mejor y simplemente no lo saben. ¿Quiénes son? Generalmente, personas con hipotecas de montos altos, especialmente si están en los primeros años del préstamo cuando la mayor parte del pago mensual se va a intereses. También personas que viven en estados con impuestos estatales y locales elevados, como California, Nueva York o New Jersey. Personas que hicieron donaciones significativas a organizaciones caritativas durante el año. Y personas que tuvieron gastos médicos extraordinarios que superaron cierto porcentaje de su ingreso.

Hagamos el ejercicio con un ejemplo concreto para que veas cómo funciona la comparación. Imagina a una persona soltera que es dueña de su casa en New Jersey. Durante el año pagó nueve mil dólares en intereses hipotecarios. Pagó ocho mil dólares en impuestos sobre la propiedad y en impuestos estatales combinados. Y donó dos mil dólares a su iglesia. Si suma todo, tiene diecinueve mil dólares en deducciones detalladas potenciales. La deducción estándar para soltero es de catorce mil seiscientos. En este caso, detallar le ahorra más porque diecinueve mil es mayor que catorce mil seiscientos. Esos cuatro mil cuatrocientos dólares adicionales de deducción podrían representar entre quinientos y mil dólares de ahorro en impuestos dependiendo de su tramo.

Ahora veamos el caso opuesto, que es mucho más común en nuestra comunidad. Una persona soltera que renta su apartamento, no tiene hipoteca, vive en un estado sin impuesto estatal sobre el ingreso como Texas o Florida, y donó trescientos dólares durante el año. Sus deducciones detalladas suman trescientos dólares. La deducción estándar es de catorce mil seiscientos. No tiene ningún sentido detallar. La deducción estándar le da un beneficio casi cincuenta veces mayor sin necesidad de guardar un solo recibo.

Hay un detalle importante sobre las deducciones detalladas que debes conocer: el límite SALT. SALT significa State and Local Taxes, es decir, impuestos estatales y locales. Desde la reforma del dos mil diecisiete, la cantidad que puedes deducir en impuestos estatales, locales y de propiedad combinados tiene un tope de diez mil dólares, o cinco mil si eres casado declarando por separado. Esto afecta especialmente a personas que viven en estados con impuestos altos. Antes de ese límite, podías deducir el total de tus impuestos estatales y de propiedad sin restricción. Ahora, aunque pagues quince mil o veinte mil en impuestos estatales y de propiedad, solo puedes deducir diez mil. Este límite redujo el beneficio de detallar para muchas personas y es una de las razones por las que más gente migró hacia la deducción estándar después de la reforma.

Entonces, ¿cómo decides? El proceso es más fácil de lo que parece. Cada año, antes de declarar, haz una lista rápida de los gastos que potencialmente podrías deducir si detallas. Los principales son intereses hipotecarios, impuestos estatales y locales pagados hasta el tope de diez mil dólares, donaciones a organizaciones calificadas, y gastos médicos que hayan superado el siete punto cinco por ciento de tu ingreso bruto ajustado. Suma todo. Si el total es mayor que tu deducción estándar, detalla. Si es menor, toma la estándar. Así de directo.

Lo que no deberías hacer jamás es detallar gastos falsos o inflados para superar la deducción estándar. El IRS tiene patrones estadísticos de lo que es razonable para cada nivel de ingreso y cada situación. Si ganas treinta mil dólares y reclamas quince mil en donaciones caritativas, vas a levantar una bandera roja. Las deducciones detalladas son una herramienta poderosa, pero solo funcionan cuando reflejan gastos reales que puedes documentar. De lo contrario, no son una estrategia fiscal, son un riesgo que puede costarte mucho más de lo que intentabas ahorrar.

La deducción, sea estándar o detallada, es tu primer aliado para reducir tu carga fiscal. Es dinero que la ley dice que no tienes que compartir con el gobierno. Pero solo funciona si la usas correctamente, si comparas ambas opciones cada año y si tomas la que genuinamente te favorece. No la que tu vecino usa, no la que usaste el año pasado por costumbre, sino la que los números dicen que es mejor para tu situación este año. Esa comparación de cinco minutos puede ser la decisión financiera más rentable que tomes cada temporada de taxes.

Si después de leer la sección anterior hiciste la cuenta rápida y sospechas que tus gastos deducibles podrían superar la deducción estándar, necesitas saber exactamente qué gastos califican. Porque no todo lo que pagas durante el año es deducible, por más necesario o costoso que sea. El IRS tiene una lista específica de categorías, y solo lo que cae dentro de esas categorías cuenta. Vamos a recorrer las principales para que puedas identificar cuáles aplican a tu vida real y sumar tus números con información concreta.

La primera categoría, y generalmente la más grande para quienes detallan, son los intereses hipotecarios. Si eres dueño de tu casa y estás pagando una hipoteca, la porción de tu pago mensual que corresponde a intereses es deducible. Esto no incluye el principal, es decir, la parte del pago que reduce el saldo de tu préstamo. Solo los intereses. Tu banco o prestamista te envía un formulario 1098 cada enero con el total de intereses que pagaste durante el año anterior. Ese es el número que usas.

Hay un límite: puedes deducir intereses sobre los primeros setecientos cincuenta mil dólares de deuda hipotecaria si tu préstamo fue originado después del quince de diciembre del dos mil diecisiete. Si tu hipoteca es anterior a esa fecha, el límite es de un millón de dólares. Para la mayoría de los hispanos que están comprando su primera casa, el límite de setecientos cincuenta mil rara vez es un problema. Lo que sí importa es entender que esta deducción es más valiosa en los primeros años de tu hipoteca. Cuando empiezas a pagar una casa, la mayor parte de tu pago mensual se va a intereses y muy poco al principal. Con el tiempo, esa proporción se invierte. Entonces, si compraste tu casa hace dos o tres años, probablemente estás pagando mucho en intereses y tu deducción potencial es alta. Si llevas veinte años pagando, la proporción de intereses es mucho menor y tal vez ya no te convenga detallar solo por esto.

La segunda categoría son los impuestos estatales y locales, conocidos como SALT. Esto incluye lo que pagaste en impuesto estatal sobre el ingreso o en impuesto sobre las ventas, más los impuestos sobre la propiedad de tu casa. Solo puedes elegir uno de los dos primeros: o el impuesto estatal sobre el ingreso o el impuesto sobre las ventas, no ambos. Para la mayoría de las personas que viven en estados con impuesto sobre el ingreso, como California, Nueva York, New Jersey o Illinois, deducir el impuesto estatal sobre el ingreso suele ser más favorable. Pero si vives en un estado sin impuesto sobre el ingreso como Texas o Florida y durante el año hiciste compras grandes, podrías considerar deducir el impuesto sobre las ventas. Hay tablas del IRS y calculadoras en línea que te ayudan a estimar cuánto pagaste en sales tax si no guardaste cada recibo.

El punto crítico aquí es el límite de diez mil dólares que mencionamos antes. No importa cuánto hayas pagado en impuestos estatales, locales y de propiedad combinados, solo puedes deducir hasta diez mil. Si vives en un estado con impuestos altos y eres dueño de una propiedad con taxes de propiedad elevados, es muy posible que superes ese tope fácilmente. En ese caso, estás perdiendo una parte del beneficio, pero los diez mil dólares que sí puedes deducir siguen siendo significativos y deben entrar en tu cálculo cuando comparas con la deducción estándar.

La tercera categoría son las donaciones caritativas. Si hiciste donaciones a organizaciones calificadas por el IRS, como iglesias, organizaciones sin fines de lucro, instituciones educativas o ciertas fundaciones, esas donaciones son deducibles cuando detallas. Lo importante aquí es la documentación. Para donaciones en efectivo menores a doscientos cincuenta dólares, un recibo del banco o un registro escrito de la organización es suficiente. Para donaciones de doscientos cincuenta dólares o más, necesitas una carta de la organización que confirme el monto, la fecha y que no recibiste nada a cambio. Si donaste ropa, muebles u otros artículos, necesitas un recibo con la descripción de los artículos y su valor estimado en el mercado. No puedes simplemente inventar un número. Y si la donación de artículos supera los quinientos dólares en valor total, necesitas llenar un formulario adicional, el 8283, con más detalles.

Un error común en la comunidad es confundir ayuda personal con donación caritativa. El dinero que le mandas a tu familia en tu país de origen no es una donación deducible, por más generoso que sea. Las remesas son transferencias personales, no contribuciones a una organización calificada. Tampoco cuenta el dinero que le das a un vecino que perdió su trabajo ni lo que gastas ayudando a alguien informalmente. Solo las donaciones a entidades reconocidas por el IRS como organizaciones caritativas bajo la sección 501(c)(3) del código tributario son deducibles. Si tienes dudas sobre si una organización califica, el IRS tiene una herramienta de búsqueda en su sitio web donde puedes verificar el estatus de cualquier entidad.

La cuarta categoría son los gastos médicos y dentales. Esta es una deducción que suena muy atractiva pero que en la práctica beneficia a pocas personas, porque tiene un umbral alto. Solo puedes deducir los gastos médicos que excedan el siete punto cinco por ciento de tu ingreso bruto ajustado. Si tu AGI es de cincuenta mil dólares, solo los gastos médicos que superen tres mil setecientos cincuenta dólares son deducibles. Si pagaste cuatro mil quinientos en gastos médicos durante el año, solo puedes deducir setecientos cincuenta. Los gastos que cuentan incluyen visitas al doctor, hospitalización, cirugías, tratamiento dental, lentes, primas de seguro médico que pagaste de tu bolsillo, medicamentos con receta, y ciertos gastos de transporte para llegar a citas médicas. No incluyen cosméticos, tratamientos electivos que no son médicamente necesarios ni membresías de gimnasio, aunque tu doctor te haya recomendado hacer ejercicio.

Esta deducción generalmente solo tiene impacto en años donde ocurrió algo extraordinario: una cirugía mayor, un tratamiento prolongado, un accidente, o gastos dentales significativos. En un año normal donde solo fuiste a tus chequeos regulares y compraste tus medicamentos habituales, es poco probable que superes el umbral. Pero en esos años difíciles donde los gastos médicos se dispararon, saber que esta deducción existe puede representar un alivio real.

El ejercicio que te recomiendo es este: al final de cada año, antes de declarar, siéntate y suma tus intereses hipotecarios del 1098, tus impuestos estatales y de propiedad pagados hasta el tope de diez mil, tus donaciones documentadas y tus gastos médicos que superen el umbral. Si ese total es mayor que tu deducción estándar, detalla. Si es menor, toma la estándar sin pensarlo dos veces. Y si estás cerca del punto de equilibrio, considera si hay algún gasto que puedas acelerar o posponer para optimizar el resultado, como hacer una donación adicional antes del treinta y uno de diciembre para empujar tu total por encima de la línea.

Ahora viene la parte que más sorprende a la gente cuando la descubre, especialmente a los hispanos que llevan años declarando sin que nadie les mencione esto. Existen ciertas deducciones que puedes tomar independientemente de si usas la deducción estándar o si detallas. Se llaman deducciones "above the line" o ajustes al ingreso, y son enormemente valiosas precisamente porque no te obligan a elegir. Las tomas además de tu deducción estándar, no en lugar de ella. Reducen tu ingreso bruto ajustado, y como vimos en el capítulo anterior, un AGI más bajo puede significar no solo menos impuesto, sino también acceso a créditos y beneficios que tienen límites de ingreso.

La primera y probablemente la más poderosa para construir tu futuro financiero es la deducción por contribuciones a una cuenta IRA tradicional. IRA significa Individual Retirement Account, o cuenta individual de retiro. Cuando contribuyes dinero a una IRA tradicional, esa contribución se resta de tu ingreso bruto para calcular tu AGI. El límite de contribución anual es de seis mil quinientos dólares si tienes menos de cincuenta años, y de siete mil quinientos si tienes cincuenta o más. Eso significa que si ganas cuarenta y cinco mil dólares y contribuyes seis mil quinientos a una IRA tradicional, tu AGI baja a treinta y ocho mil quinientos. Estás reduciendo tu ingreso gravable y al mismo tiempo ahorrando para tu retiro. Es uno de los pocos movimientos financieros que te beneficia dos veces: una hoy, reduciendo tus impuestos, y otra en el futuro, cuando tengas ese dinero acumulado para tu vejez.

Hay condiciones que debes conocer. Si tú o tu cónyuge tienen acceso a un plan de retiro en el trabajo, como un 401(k), la deducción de la IRA puede limitarse o eliminarse dependiendo de tu nivel de ingreso. Las reglas específicas cambian según tu filing status y tu AGI, y los rangos se ajustan cada año. Pero si no tienes plan de retiro en el trabajo, la deducción está disponible sin importar cuánto ganes. Muchos hispanos trabajan en empleos que no ofrecen 401(k) ni ningún otro plan de retiro. Para ellos, la IRA tradicional es la herramienta más accesible para ahorrar con beneficio fiscal, y sorprendentemente pocos la conocen.

La segunda deducción above the line que afecta directamente a muchas familias hispanas es la de intereses de préstamos estudiantiles. Si estás pagando un student loan, ya sea tuyo, de tu cónyuge o de un dependiente, puedes deducir hasta dos mil quinientos dólares en intereses pagados durante el año. No necesitas detallar. Esta deducción se resta directamente de tu ingreso bruto para calcular tu AGI. Tu prestamista te envía un formulario 1098-E con el total de intereses que pagaste, así que ni siquiera tienes que hacer el cálculo tú mismo.

Esta deducción tiene un límite de ingreso. Si tu AGI modificado supera cierto umbral, el beneficio se reduce gradualmente y eventualmente desaparece. Pero para la mayoría de los graduados jóvenes que están empezando sus carreras y ganando ingresos moderados, la deducción está disponible en su totalidad. Dos mil quinientos dólares menos en tu AGI pueden representar entre trescientos y quinientos dólares de ahorro en impuestos dependiendo de tu tramo. No es una fortuna, pero cuando estás empezando y cada dólar cuenta, ese ahorro es significativo. Y lo más importante: mucha gente paga intereses estudiantiles y nunca reclama esta deducción porque nadie le dijo que existía.

La tercera deducción que quiero destacar es una que beneficia a un grupo muy específico pero muy presente en nuestra comunidad: los educadores. Si eres maestro, instructor, consejero, director o ayudante en una escuela primaria o secundaria, y trabajas al menos novecientos horas durante el año escolar, puedes deducir hasta trescientos dólares en gastos que pagaste de tu bolsillo para materiales de clase. Esto incluye libros, útiles escolares, materiales de laboratorio, equipo de computación que usas para enseñar, y ciertos cursos de desarrollo profesional. Si ambos cónyuges son educadores calificados y declaran juntos, cada uno puede tomar la deducción, para un total de seiscientos dólares por pareja.

Trescientos dólares puede no parecer mucho comparado con los miles que representan otras deducciones, pero para un maestro que gasta regularmente de su propio bolsillo para comprar marcadores, papel, calculadoras y libros complementarios para sus estudiantes, es un reconocimiento que marca una diferencia real. Y como con las otras deducciones above the line, no necesitas detallar para tomarla. Se resta directamente de tu ingreso bruto.

Hay otras deducciones above the line que aplican en situaciones más específicas. Si eres trabajador por cuenta propia, puedes deducir la mitad del self-employment tax que pagas, lo cual vamos a cubrir en detalle en el capítulo seis. Si pagaste pensión alimenticia bajo un acuerdo de divorcio ejecutado antes del dos mil diecinueve, esos pagos pueden ser deducibles. Si eres miembro de las fuerzas armadas de reserva y tienes gastos de viaje relacionados con tu servicio, también hay una deducción disponible. Y si contribuiste a una cuenta de ahorro de salud, conocida como HSA, esas contribuciones reducen tu AGI de manera significativa.

Lo que todas estas deducciones tienen en común es que trabajan silenciosamente a tu favor si las conoces, y trabajan silenciosamente en tu contra si no las conoces. Cada año que pasa sin que reclames una deducción a la que tienes derecho es dinero que le regalas al gobierno sin necesidad. Y a diferencia de las deducciones detalladas, que requieren superar el umbral de la deducción estándar para que valgan la pena, las deducciones above the line te benefician siempre. Las tomas y punto. No compiten con la deducción estándar, la complementan.

Mi consejo es que revises esta lista cada año antes de declarar. ¿Contribuiste a una IRA? ¿Pagaste intereses de préstamo estudiantil? ¿Eres educador y compraste materiales con tu dinero? ¿Contribuiste a una HSA? ¿Pagaste por tu propio seguro médico como trabajador independiente? Si la respuesta a cualquiera de estas preguntas es sí, tienes dinero esperándote en tu declaración que posiblemente no estás reclamando. Y reclamar lo que legalmente te corresponde no es agresivo ni arriesgado. Es simplemente estar informado.

Capítulo 5 — Créditos: dinero directo a tu bolsillo

Si las deducciones son la herramienta más conocida para reducir tus impuestos, los créditos tributarios son la herramienta más poderosa. Y sin embargo, la mayoría de los hispanos que hacen sus taxes no entienden la diferencia entre ambos. Usan las palabras como si fueran sinónimos, asumen que funcionan de la misma manera y, en muchos casos, se pierden créditos a los que tienen derecho simplemente porque nadie les explicó que existían o cómo funcionan. Esta confusión no es trivial. Tiene un costo real, medible en dólares, que se repite año tras año.

La diferencia entre una deducción y un crédito se puede explicar en una sola frase, pero esa frase cambia todo: una deducción reduce la cantidad de ingreso sobre la que pagas impuestos, mientras que un crédito reduce directamente la cantidad de impuesto que debes. Parece sutil. No lo es. La distinción es enorme, y la mejor forma de entenderla es con números.

Imagina que eres una persona soltera con un ingreso gravable de cuarenta mil dólares. Después de aplicar los tramos de impuesto federal, digamos que tu impuesto calculado es de cuatro mil quinientos dólares. Ese es el número que debes antes de aplicar cualquier crédito. Ahora supongamos que tienes una deducción de dos mil dólares y, por separado, un crédito de dos mil dólares. Ambos valen dos mil. Pero su impacto es radicalmente diferente.

La deducción de dos mil dólares no te quita dos mil dólares de tu impuesto. Lo que hace es restar dos mil dólares de tu ingreso gravable. Tu ingreso baja de cuarenta mil a treinta y ocho mil. Cuando recalculas el impuesto sobre treinta y ocho mil, digamos que tu nuevo impuesto es de cuatro mil doscientos sesenta. Te ahorraste doscientos cuarenta dólares. Eso es lo que vale una deducción de dos mil dólares para alguien en el tramo del doce por ciento: doscientos cuarenta dólares. No dos mil. Doscientos cuarenta. Porque la deducción solo reduce el ingreso sobre el que se calcula el impuesto, y el ahorro depende del tramo en el que estés. Si estuvieras en el tramo del veintidós por ciento, la misma deducción te ahorraría cuatrocientos cuarenta dólares. Más, pero todavía lejos de los dos mil.

Ahora veamos el crédito. Tu impuesto calculado era de cuatro mil quinientos dólares. Aplicas el crédito de dos mil dólares. Tu impuesto baja a dos mil quinientos. Así de directo. Sin recalcular tramos, sin porcentajes intermedios, sin depender de en qué nivel de ingreso estés. Dos mil dólares de crédito son dos mil dólares menos de impuesto. Punto.

Por eso, un crédito de dos mil dólares siempre vale más que una deducción de dos mil dólares. Siempre. Sin excepción. La deducción filtra su beneficio a través de tu tasa impositiva y solo te devuelve una fracción de su valor. El crédito te devuelve dólar por dólar. Es como la diferencia entre que alguien te diga "te descuento el diez por ciento de tu próxima compra" versus "te doy diez dólares en efectivo". El descuento depende de cuánto gastes. El efectivo es efectivo, sin condiciones.

Ahora, dentro del mundo de los créditos hay una distinción adicional que importa mucho: la diferencia entre créditos no reembolsables y créditos reembolsables. Un crédito no reembolsable puede reducir tu impuesto hasta cero, pero no más allá. Si tu impuesto es de mil dólares y tienes un crédito no reembolsable de dos mil, tu impuesto baja a cero pero no recibes los mil restantes. Ese crédito extra simplemente se pierde. No te lo pagan, no te lo guardan para el año siguiente, desaparece.

Un crédito reembolsable, en cambio, puede reducir tu impuesto por debajo de cero y generarte un refund. Usando el mismo ejemplo, si tu impuesto es de mil dólares y tienes un crédito reembolsable de dos mil, tu impuesto baja a cero y el IRS te envía los mil dólares restantes como refund. Es dinero que recibes aunque no hayas pagado esa cantidad en impuestos. Es literalmente el gobierno poniéndote dinero en la mano.

Esta distinción es fundamental para la comunidad hispana porque algunos de los créditos más valiosos disponibles son total o parcialmente reembolsables. El Earned Income Tax Credit, que es uno de los más importantes para familias trabajadoras de ingresos bajos y moderados, es completamente reembolsable. El Child Tax Credit tiene un componente reembolsable. Estos créditos pueden generar refunds de miles de dólares para familias que califican, incluso si su obligación fiscal es cero o muy baja. Es uno de los mecanismos más directos que tiene el sistema tributario para poner dinero en manos de quienes más lo necesitan, y es también uno de los más desaprovechados porque la gente no sabe que existe o no entiende cómo funciona.

Pongamos otro ejemplo para que la diferencia entre reembolsable y no reembolsable quede grabada. Tomemos a dos familias que ganan lo mismo y tienen el mismo impuesto calculado de mil ochocientos dólares. La primera familia tiene un crédito no reembolsable de tres mil dólares. Su impuesto baja a cero, pero los mil doscientos dólares que sobran se evaporan. No reciben nada de vuelta. La segunda familia tiene un crédito reembolsable de tres mil dólares. Su impuesto también baja a cero, pero los mil doscientos dólares restantes les llegan como refund. Ambas familias tenían créditos por el mismo monto, pero una recibió mil doscientos dólares más que la otra por la naturaleza de su crédito.

Hay también una categoría intermedia que vale la pena mencionar: los créditos parcialmente reembolsables. El Child Tax Credit es un buen ejemplo en su forma actual. Ofrece hasta dos mil dólares por hijo calificado, pero solo una porción de eso es reembolsable si tu impuesto no es suficiente para absorber el crédito completo. La porción reembolsable se calcula a través de lo que se llama el Additional Child Tax Credit, que tiene su propia fórmula basada en tu ingreso ganado. Los detalles los vamos a ver en la siguiente sección, pero por ahora entiende que no todos los créditos son puramente una cosa o la otra. Algunos tienen reglas mixtas que determinan cuánto puedes recibir de vuelta.

Lo que quiero que te lleves de esta sección es un cambio fundamental en la forma en que piensas sobre tus impuestos. Cuando alguien te diga que tiene una deducción de cinco mil dólares, tu primera pregunta debería ser en qué tramo está, porque eso determina cuánto vale realmente esa deducción. Puede valer quinientos dólares o puede valer mil cien, pero nunca vale cinco mil. Cuando alguien te diga que tiene un crédito de cinco mil dólares, ya sabes que eso vale exactamente cinco mil dólares menos en impuestos, y si es reembolsable, puede incluso significar dinero en el bolsillo aunque no deba nada.

Las deducciones son buenas. Los créditos son mejores. Y los créditos reembolsables son los mejores de todos, porque te benefician incluso cuando tu situación fiscal no genera una obligación tributaria alta. Son la herramienta de ahorro fiscal más directa, más potente y más democrática del sistema, porque proporcionalmente benefician más a quienes menos ganan. Y en los capítulos que siguen, vamos a recorrer los créditos específicos que más impactan a la comunidad hispana, uno por uno, para que no dejes ni un dólar sin reclamar.

Si hay un área del código tributario que fue diseñada pensando en familias trabajadoras, es la de los créditos familiares. Estos créditos existen porque el gobierno reconoce que criar hijos y mantener un hogar tiene costos reales que afectan la capacidad de una familia para pagar impuestos. Para la comunidad hispana, donde las familias tienden a ser más grandes y donde una proporción significativa de hogares tiene ingresos bajos o moderados, estos créditos pueden representar la diferencia entre deber dinero y recibir un refund de varios miles de dólares. Pero solo si los conoces y los reclamas correctamente.

El más conocido es el Child Tax Credit, o crédito tributario por hijo. En su forma actual, este crédito ofrece hasta dos mil dólares por cada hijo calificado menor de diecisiete años. Para que un hijo califique, debe tener un número de Social Security válido emitido antes de la fecha límite de la declaración, debe ser tu hijo biológico, adoptivo, hijastro, hijo de crianza, hermano o descendiente de alguno de ellos, debe haber vivido contigo más de la mitad del año, y no debe haber proporcionado más de la mitad de su propio sustento. Son requisitos similares a los que vimos para reclamar dependientes, porque en esencia, el hijo debe ser tu dependiente calificado.

Los dos mil dólares por hijo son un crédito, no una deducción, lo que significa que reducen tu impuesto dólar por dólar. Si tienes tres hijos que califican, estamos hablando de seis mil dólares menos en tu factura de impuestos. Ahora, hay un detalle importante: este crédito tiene un componente reembolsable. Si tu impuesto es menor que el crédito total al que tienes derecho, puedes recibir una porción de vuelta como refund a través de lo que se conoce como el Additional Child Tax Credit. La cantidad reembolsable tiene un tope de mil setecientos dólares por hijo y se calcula basándose en tu ingreso ganado. Necesitas tener al menos dos mil quinientos dólares de ingreso ganado para empezar a calificar para la porción reembolsable. A partir de ahí, el reembolso se calcula como el quince por ciento de tu ingreso ganado que exceda esos dos mil quinientos dólares, hasta alcanzar el máximo reembolsable por hijo.

El Child Tax Credit también tiene un límite de ingreso. Empieza a reducirse cuando tu ingreso bruto ajustado supera los doscientos mil dólares si declaras como soltero o cabeza de familia, o cuatrocientos mil si declaras como casado en conjunto. Por cada mil dólares que tu ingreso exceda ese umbral, el crédito se reduce en cincuenta dólares. Para la gran mayoría de las familias hispanas, cuyos ingresos caen por debajo de esos umbrales, el crédito está disponible en su totalidad.

Hay otro crédito relacionado que mucha gente no conoce: el crédito por otros dependientes, conocido en inglés como Credit for Other Dependents. Si tienes dependientes que no califican para el Child Tax Credit, ya sea porque tienen diecisiete años o más, porque no tienen SSN sino ITIN, o porque son un familiar calificado como un padre que mantienes, puedes reclamar un crédito de quinientos dólares por cada uno de ellos. Este crédito no es reembolsable, así que solo sirve para reducir tu impuesto hasta cero, pero no genera refund. Aun así, quinientos dólares por dependiente no es algo que debas ignorar.

Ahora hablemos del crédito que más dinero pone en manos de las familias trabajadoras de bajos ingresos en todo el país: el Earned Income Tax Credit, o EITC. Este crédito fue diseñado específicamente para beneficiar a personas que trabajan pero ganan relativamente poco. Es completamente reembolsable, lo que significa que puedes recibir el crédito completo como refund aunque tu obligación fiscal sea cero. Para una familia con tres o más hijos calificados, el EITC puede valer más de siete mil dólares. Incluso para trabajadores sin hijos, existe un crédito más modesto pero significativo.

El monto exacto del EITC depende de tu ingreso ganado, tu filing status y cuántos hijos calificados tienes. El crédito sube gradualmente a medida que aumenta tu ingreso, alcanza un máximo en cierto rango, se mantiene estable por un tramo, y luego empieza a disminuir gradualmente hasta desaparecer cuando tu ingreso supera cierto límite. Los umbrales de ingreso cambian cada año y varían según el número de hijos. Para una persona sin hijos, el ingreso máximo para calificar es relativamente bajo. Para una familia con tres hijos o más, el límite es considerablemente más alto, permitiendo que familias con ingresos moderados también se beneficien.

Hay requisitos importantes para el EITC que debes conocer. Necesitas tener ingreso ganado, lo que significa salario, propinas o ingresos de trabajo por cuenta propia. Ingresos de inversiones, pensiones o desempleo no cuentan como ingreso ganado. Tu ingreso de inversiones no puede superar un límite establecido por el IRS. Debes tener un SSN válido para trabajar, tanto tú como tu cónyuge si declaras en conjunto, y también cada hijo que reclames para el crédito. Esto es un punto sensible: las personas que declaran con ITIN no pueden reclamar el EITC para sí mismas, aunque sus hijos tengan SSN. Es una de las limitaciones más significativas para los contribuyentes con ITIN, y es importante saberlo para no caer en el error de reclamarlo sin calificar, lo cual puede resultar en sanciones y en la prohibición de reclamarlo durante años futuros.

El IRS toma muy en serio el EITC y audita una proporción significativa de las declaraciones que lo reclaman. Si vas a reclamar este crédito, asegúrate de que calificas genuinamente, de que tus hijos cumplen todos los requisitos y de que tu ingreso está correctamente reportado. Los preparadores de taxes que inflan ingresos artificialmente para maximizar el EITC están cometiendo fraude, y la penalización recae tanto sobre ellos como sobre ti.

El tercer crédito familiar que merece atención es el crédito por gastos de cuidado de dependientes, conocido como Child and Dependent Care Credit. Si pagas para que alguien cuide a tu hijo menor de trece años, o a un dependiente discapacitado de cualquier edad, para que tú y tu cónyuge puedan trabajar o buscar trabajo, puedes reclamar un crédito basado en esos gastos. Los gastos calificados incluyen guardería, niñera, campamento de día y programas de cuidado antes o después de la escuela. No incluyen campamentos nocturnos ni la matrícula escolar regular.

El crédito se calcula como un porcentaje de tus gastos calificados, y ese porcentaje varía según tu ingreso. El máximo de gastos que puedes usar para el cálculo es de tres mil dólares si tienes un dependiente calificado, o seis mil si tienes dos o más. El porcentaje va del veinte al treinta y cinco por ciento dependiendo de tu AGI. Para la mayoría de las familias, el crédito resulta en varios cientos de dólares, y en algunos casos puede superar los mil. No es reembolsable en su forma estándar, pero sigue siendo un beneficio real que muchas familias hispanas no reclaman porque desconocen su existencia o porque pagan en efectivo a cuidadores informales y no tienen documentación.

Y ese es precisamente el punto práctico: si pagas a alguien para que cuide a tus hijos mientras trabajas, documéntalo. Obtén el nombre, la dirección y el número de identificación fiscal de la persona o del centro de cuidado. Guarda recibos o comprobantes de pago. Sin esa documentación, no puedes reclamar el crédito aunque hayas gastado miles de dólares en cuidado infantil durante el año.

Los créditos familiares no son los únicos que puedes aprovechar. Hay dos áreas adicionales donde el gobierno ofrece créditos que muchos hispanos desconocen completamente: la educación y las mejoras al hogar relacionadas con energía limpia. Ambas representan oportunidades reales de ahorro que van más allá de la dinámica familiar y que aplican a situaciones cada vez más comunes en nuestra comunidad.

Empecemos con la educación. Si tú, tu cónyuge o un dependiente están estudiando en una universidad o institución de educación superior, hay dos créditos principales que podrías reclamar: el American Opportunity Tax Credit y el Lifetime Learning Credit. Son mutuamente excluyentes para el mismo estudiante en el mismo año, lo que significa que tienes que elegir uno u otro por cada persona, pero puedes usar créditos diferentes para personas diferentes en la misma declaración.

El American Opportunity Tax Credit, o AOTC, es el más generoso de los dos. Ofrece hasta dos mil quinientos dólares por estudiante por año, y está disponible durante los primeros cuatro años de educación postsecundaria. Los gastos que califican incluyen matrícula, cuotas obligatorias, libros y materiales de estudio requeridos para los cursos. No incluyen alojamiento, comida, transporte ni gastos personales. El estudiante debe estar inscrito al menos medio tiempo en un programa que lleve a un título o certificado reconocido, y no debe tener una condena por delito de drogas.

Lo que hace al AOTC especialmente valioso es que es parcialmente reembolsable. De los dos mil quinientos dólares máximos, hasta el cuarenta por ciento, es decir hasta mil dólares, es reembolsable. Eso significa que incluso si tu impuesto es cero, puedes recibir hasta mil dólares de vuelta como refund por cada estudiante que califique. Para una familia hispana que tiene un hijo en la universidad y que tal vez no gana lo suficiente como para tener una obligación tributaria alta, esos mil dólares pueden ayudar a pagar los libros del siguiente semestre.

El AOTC tiene límites de ingreso. El crédito completo está disponible para contribuyentes solteros con un AGI modificado de hasta ochenta mil dólares, y se reduce gradualmente hasta desaparecer a los noventa mil. Para casados declarando en conjunto, el rango va de ciento sesenta mil a ciento ochenta mil. Si tu ingreso cae dentro de estos rangos, que cubren a la enorme mayoría de las familias hispanas, el crédito está disponible para ti.

El Lifetime Learning Credit es la alternativa para situaciones que el AOTC no cubre. No tiene límite de años, así que aplica aunque lleves más de cuatro años estudiando o estés tomando cursos de posgrado, educación continua o desarrollo profesional. Ofrece hasta dos mil dólares por declaración, no por estudiante, y se calcula como el veinte por ciento de los primeros diez mil dólares en gastos de educación calificados. No es reembolsable, así que solo reduce tu impuesto hasta cero. Y tiene límites de ingreso similares pero no idénticos a los del AOTC.

La decisión entre uno y otro generalmente es sencilla. Si el estudiante está en sus primeros cuatro años de universidad y toma al menos medio tiempo de carga académica, el AOTC casi siempre es mejor porque el monto es mayor y tiene el componente reembolsable. Si el estudiante ya pasó los cuatro años, está en una maestría, está tomando cursos sueltos para mejorar profesionalmente o no cumple con el requisito de medio tiempo, el Lifetime Learning Credit es la opción disponible.

Un punto que vale la pena resaltar para nuestra comunidad: estos créditos aplican a cualquier institución de educación superior acreditada que participe en los programas de ayuda federal estudiantil. Esto incluye universidades públicas y privadas, community colleges, y muchas escuelas técnicas y vocacionales. Si estás estudiando para ser técnico en HVAC, asistente médico, soldador certificado o cualquier otra profesión técnica en una institución acreditada, tus gastos de matrícula pueden calificar para estos créditos. No es solo para quien estudia una carrera tradicional de cuatro años.

Ahora pasemos al terreno de la energía y las mejoras al hogar. Si eres dueño de tu casa y has hecho mejoras para hacerla más eficiente energéticamente, o si has instalado sistemas de energía limpia, hay créditos disponibles que pueden devolverte una porción significativa de lo que invertiste.

El crédito por mejoras de eficiencia energética en el hogar permite reclamar el treinta por ciento del costo de ciertos productos y mejoras calificados, con límites anuales. Los productos que califican incluyen puertas exteriores con certificación de eficiencia energética, ventanas y tragaluces eficientes, sistemas de aislamiento y sellado de aire, y ciertos sistemas de calefacción, aire acondicionado y calentadores de agua de alta eficiencia. Cada categoría tiene su propio subtope de crédito, y el máximo total anual por contribuyente es de tres mil doscientos dólares combinando todas las categorías. Este crédito no es reembolsable pero se puede reclamar año tras año si continúas haciendo mejoras calificadas.

El crédito más grande en esta área es el crédito por energía limpia residencial, que cubre la instalación de paneles solares, calentadores de agua solares, baterías de almacenamiento de energía, sistemas geotérmicos y turbinas de viento pequeñas para uso residencial. El crédito es del treinta por ciento del costo total de la instalación, sin límite máximo de dólares. Si instalas un sistema de paneles solares que cuesta veinticinco mil dólares, tu crédito es de siete mil quinientos. Si cuesta cuarenta mil, tu crédito es de doce mil. Y si tu impuesto en ese año no es suficiente para absorber todo el crédito, la porción no utilizada se puede transferir al año siguiente.

Esto es especialmente relevante para hispanos que han logrado comprar su casa y están pensando en inversiones a largo plazo. Los paneles solares no solo reducen tu factura de electricidad cada mes, sino que el crédito fiscal recupera casi un tercio del costo de la instalación. Es un doble beneficio que convierte una inversión grande en algo mucho más accesible.

Lo que une a todos estos créditos, los familiares, los educativos y los de energía, es que representan decisiones conscientes del gobierno de incentivar ciertos comportamientos: tener hijos y mantenerlos, educarse, trabajar, cuidar dependientes, y hacer que tu hogar consuma menos energía. El sistema tributario no es solo un mecanismo de recaudación. También es un sistema de incentivos. Y cuando entiendes los incentivos, puedes tomar decisiones que beneficien tu vida y tu bolsillo al mismo tiempo. Cada crédito que no reclamas es una oportunidad desperdiciada, un incentivo que el gobierno creó para ti pero que nunca llegó a tus manos porque nadie te dijo que estaba ahí.

Capítulo 6 — Trabajador independiente y 1099

Hay un momento que casi todos los hispanos que trabajan por cuenta propia en Estados Unidos recuerdan con dolor. Es el momento en que hicieron sus taxes por primera vez como contratistas independientes y descubrieron que debían miles de dólares. Miles. No cientos. Miles. Y no porque hubieran hecho algo mal, sino porque nadie les explicó las reglas del juego antes de que empezaran a jugar.

La historia suele ser parecida. Trabajaste todo el año haciendo landscaping, limpiando casas, haciendo deliveries, arreglando techos, manejando un camión, diseñando páginas web o cualquier otro oficio donde te pagaban directamente sin que nadie te descontara nada. Cada vez que recibías un pago, el dinero llegaba completo. Sin retenciones, sin descuentos, sin esas líneas misteriosas que aparecen en el talón de pago de un empleado. Y eso se sentía bien. Sentías que ganabas más, que tenías más libertad, que estabas mejor que cuando eras empleado. Hasta que llegó abril.

Lo que nadie te dijo es que ese dinero que recibías "completo" no era completamente tuyo. Una parte siempre le perteneció al gobierno. La diferencia es que cuando eres empleado, tu patrón se encarga de separar esa parte y enviársela al IRS antes de que el dinero llegue a tus manos. Cuando eres contratista independiente, esa responsabilidad es tuya. El dinero llega entero a tu bolsillo, pero tú eres quien debe calcular, apartar y enviar la porción que corresponde a impuestos. Si no lo haces durante el año, la cuenta llega completa en la temporada de taxes, y para muchos es una cuenta devastadora.

Empecemos por lo básico. ¿Qué te hace contratista independiente en lugar de empleado? La distinción no depende de cómo te llames a ti mismo ni de lo que te diga la persona que te paga. Depende de la naturaleza de la relación laboral. En términos generales, eres contratista independiente cuando la persona o empresa que te paga controla solamente el resultado de tu trabajo, pero no cómo, cuándo ni dónde lo haces. Si tú decides tu horario, usas tus propias herramientas, trabajas para múltiples clientes y tienes libertad para aceptar o rechazar trabajos, probablemente eres contratista. Si alguien te dice a qué hora llegar, te proporciona el equipo, te supervisa constantemente y tú trabajas exclusivamente para esa persona, probablemente deberías ser clasificado como empleado aunque te paguen como contratista.

Esta distinción importa porque algunos empleadores clasifican intencionalmente a sus trabajadores como contratistas para ahorrarse impuestos y beneficios. Cuando te clasifican como contratista, el empleador no paga su porción de Social Security y Medicare, no te ofrece seguro médico, no te da vacaciones pagadas y no te cubre con el seguro de desempleo. Todo eso se convierte en tu problema. Si sospechas que estás siendo clasificado incorrectamente, puedes presentar el formulario SS-8 ante el IRS para que ellos determinen tu estatus. Pero eso es un tema separado. Por ahora, asumamos que genuinamente eres contratista independiente y hablemos de lo que eso significa para tus impuestos.

Lo primero que cambia es que en lugar de recibir un W-2 al final del año, recibes un formulario 1099-NEC de cada cliente que te pagó seiscientos dólares o más durante el año. Ese formulario muestra el monto total que te pagaron, y no tiene ninguna casilla de retenciones porque no te retuvieron nada. Todo lo que aparece ahí es ingreso bruto. Es tu trabajo convertir ese número bruto en el impuesto que debes.

Lo segundo que cambia, y esto es lo que toma a la mayoría por sorpresa, es que no solo debes pagar el impuesto federal sobre la renta como cualquier otra persona, sino que además debes pagar el self-employment tax. Este impuesto es el equivalente a lo que un empleado y su empleador pagan combinados para Social Security y Medicare. Cuando eres empleado, tú pagas el seis punto dos por ciento de tu salario para Social Security y el uno punto cuarenta y cinco por ciento para Medicare, y tu empleador paga exactamente lo mismo de su bolsillo. Tú pagas la mitad, tu patrón paga la otra mitad. Pero cuando eres contratista independiente, no hay empleador. Tú eres ambos. Tú pagas ambas mitades. Eso significa que el self-employment tax es del quince punto tres por ciento de tus ganancias netas. Quince punto tres por ciento. Antes de que siquiera empieces a calcular tu impuesto federal sobre la renta.

Vamos a poner números para que entiendas el impacto. Digamos que durante el año ganaste cincuenta mil dólares como contratista independiente y tuviste diez mil dólares en gastos de negocio legítimos. Tu ganancia neta es de cuarenta mil dólares. El self-employment tax sobre esos cuarenta mil es de aproximadamente cinco mil seiscientos cincuenta dólares. Eso es solo el self-employment tax. Encima de eso, tienes que pagar el impuesto federal sobre la renta, que dependerá de tu filing status, tus deducciones y tus créditos, pero que fácilmente puede agregar otros tres mil o cuatro mil dólares. Y si vives en un estado con impuesto sobre el ingreso, suma eso también. De repente, esos cincuenta mil dólares que sentías que eran todos tuyos resultan tener una factura fiscal de nueve mil, diez mil o más dólares.

Y ahí es donde viene el golpe. Si no apartaste nada durante el año, si gastaste cada dólar que recibiste porque pensabas que era tuyo, ahora debes una cantidad que posiblemente no tienes. Y no solo debes el impuesto. Si no hiciste pagos estimados durante el año, el IRS te cobra una multa adicional por no haber cumplido con la regla de "pay as you go" que explicamos en el primer capítulo.

Es un golpe doble: debes el impuesto completo y además pagas una penalización por no haberlo ido pagando a lo largo del año.

La buena noticia es que el sistema te permite deducir la mitad del self-employment tax de tu ingreso bruto como una deducción above the line. Eso reduce tu AGI, lo que a su vez reduce tu impuesto sobre la renta. Usando nuestro ejemplo, si tu self-employment tax es de cinco mil seiscientos cincuenta dólares, puedes deducir aproximadamente dos mil ochocientos veinticinco de tu ingreso bruto. No elimina el dolor, pero lo reduce. Es el reconocimiento del sistema de que como trabajador independiente estás pagando la doble porción, y te compensa parcialmente por eso.

Otra buena noticia es que el quince punto tres por ciento no aplica de manera ilimitada. La porción de Social Security, que es el doce punto cuatro por ciento, tiene un tope de ingreso que se ajusta cada año. Una vez que tus ganancias superan ese tope, solo sigues pagando la porción de Medicare del dos punto nueve por ciento. Y si tus ganancias netas son muy altas, por encima de doscientos mil dólares si eres soltero, se agrega un impuesto adicional de Medicare del cero punto nueve por ciento. Pero para la mayoría de los trabajadores independientes hispanos, el tope de Social Security queda lejos y el impuesto adicional de Medicare no aplica.

Lo que necesitas llevarte de esta sección es una verdad incómoda pero necesaria: ser contratista independiente no significa que ganas más. Significa que recibes el dinero de una manera diferente, con la responsabilidad de administrar la porción fiscal tú mismo. El trabajador que gana veinte dólares la hora como empleado y el que gana veinte dólares la hora como contratista no se llevan lo mismo a casa al final del año. El empleado ya tiene sus impuestos cubiertos en cada cheque. El contratista tiene que cubrir los suyos, y si no planifica, el final del año se convierte en una pesadilla financiera.

No te escribo esto para desanimarte ni para que dejes de trabajar por tu cuenta. El trabajo independiente tiene ventajas enormes, incluidas deducciones por gastos de negocio que un empleado no puede tomar, y que vamos a ver en detalle más adelante en este capítulo. Te lo escribo para que vayas preparado, para que desde el primer dólar que ganes como independiente sepas que una parte no es tuya, y para que el día que te sientes a hacer tus taxes, la cuenta que aparezca no sea una sorpresa sino un número que ya esperabas y para el que ya tienes el dinero apartado.

Ahora que entiendes cuánto puede doler la factura fiscal cuando trabajas por cuenta propia, hablemos de cómo evitar ese dolor. La solución no es complicada ni requiere un contador. Se llama pagos estimados trimestrales, y es simplemente el proceso de ir pagándole al IRS a lo largo del año en lugar de esperar a que llegue abril con la cuenta completa.

El concepto ya lo conoces del primer capítulo: el gobierno opera bajo el principio de "pay as you go". Cuando eres empleado, tu patrón se encarga de eso por ti con las retenciones de cada cheque. Cuando eres independiente, tú eres tu propio patrón, y tienes que hacer esos pagos por tu cuenta. El IRS espera que le envíes dinero cuatro veces al año, en fechas específicas que no coinciden exactamente con los trimestres del calendario. El primer pago vence el quince de abril y cubre lo que ganaste de enero a marzo. El segundo vence el quince de junio y cubre abril y mayo. El tercero vence el quince de septiembre y cubre de junio a agosto. Y el cuarto vence el quince de enero del año siguiente y cubre de septiembre a diciembre. Fíjate que el segundo "trimestre" en realidad solo cubre dos meses, y el cuarto cubre cuatro. Es un calendario irregular, pero es el que el IRS usa y el que tienes que respetar.

Si no haces estos pagos, o si pagas menos de lo que debes, el IRS te cobra una multa por pago insuficiente de impuesto estimado. La multa se calcula sobre la diferencia entre lo que pagaste y lo que debiste haber pagado, y se aplica por cada período que estuvo insuficiente. No es una multa enorme, pero se suma al impuesto que ya debes y convierte una situación incómoda en una más costosa. La buena noticia es que hay formas de evitar esta multa por completo. Si durante el año pagaste al menos el noventa por ciento de lo que debes para el año en curso, o al menos el cien por ciento de lo que debiste el año anterior, generalmente estás protegido. Esta segunda opción, conocida como el "safe harbor", es particularmente útil si tus ingresos fluctúan mucho de un año a otro. Si el año pasado tu impuesto total fue de seis mil dólares, puedes dividir esa cantidad en cuatro pagos de mil quinientos y enviarlos en las fechas correspondientes. Aunque este año ganes más y debas más, no te penalizan si cumpliste con el cien por ciento del año anterior.

¿Cómo calculas cuánto pagar? El método formal es usar el formulario 1040-ES, que viene con una hoja de trabajo donde estimas tu ingreso del año, restas tus deducciones, calculas el impuesto y el self-employment tax, y divides entre cuatro. Suena laborioso, pero solo tienes que hacerlo una vez al principio del año y ajustar si tus ingresos cambian significativamente. Hay calculadoras en línea, incluida una en el propio sitio del IRS, que te ayudan a hacer este estimado en minutos.

Pero voy a darte un método más simple que funciona para la mayoría de los trabajadores independientes hispanos y que no requiere hojas de cálculo ni formularios complicados. Es lo que yo llamo el método del porcentaje fijo, y consiste en apartar un porcentaje de cada pago que recibes, antes de tocar ese dinero para cualquier otra cosa.

El porcentaje exacto depende de tu nivel de ingreso, tu estado y tu situación personal, pero una regla general que funciona razonablemente bien para la mayoría es apartar entre el veinticinco y el treinta por ciento de cada pago que recibas. Si haces un trabajo y te pagan mil dólares, apartas entre doscientos cincuenta y trescientos dólares inmediatamente. Ese dinero no es tuyo. Es del IRS, del estado y del self-employment tax. Lo que queda después de apartar es tu ingreso real, el dinero con el que puedes contar para tus gastos y tu vida.

¿Dónde guardas ese dinero? Lo ideal es abrir una cuenta de ahorros separada exclusivamente para impuestos. No la mezcles con tu cuenta personal, no la uses para emergencias, no la toques para nada que no sea pagar impuestos. Cada vez que recibas un pago por tu trabajo, transfiere el porcentaje que hayas elegido a esa cuenta. Cuando llegue la fecha del pago trimestral, el dinero ya está ahí esperando. No tienes que rascarte la cabeza buscando de dónde sacar mil o dos mil dólares porque ya los fuiste apartando poco a poco.

El pago en sí es sencillo. Puedes hacerlo en línea a través del sistema de pagos directos del IRS en irs.gov/payments. También puedes usar el sistema EFTPS, que es el sistema electrónico de pago de impuestos federales, que requiere un registro previo pero permite programar pagos por adelantado. O puedes enviar un cheque o money order junto con un voucher del formulario 1040-ES por correo postal. La opción en línea es la más rápida y la que te da confirmación inmediata de que tu pago fue recibido.

No olvides que si vives en un estado con impuesto sobre el ingreso, también puedes deber pagos estimados estatales. Cada estado tiene su propio formulario y su propio calendario, aunque la mayoría coincide con las fechas federales. Esto significa que en cada fecha de pago trimestral podrías estar haciendo dos pagos: uno al IRS y otro a tu estado. Inclúyelo en tu porcentaje de apartado. Si vives en un estado con impuesto estatal alto, considera subir tu porcentaje al treinta o treinta y cinco por ciento para cubrir ambos.

El hábito de apartar dinero para impuestos es incómodo al principio porque sientes que te estás quitando dinero a ti mismo.

Pero la alternativa es mucho peor. Preferir gastar todo hoy y enfrentar una deuda de ocho mil o diez mil dólares en abril no es libertad financiera, es una ilusión que se derrumba una vez al año. El trabajador independiente que aparta su porcentaje religiosamente cada vez que le pagan vive con menos ansiedad, declara sin sorpresas y nunca tiene que pedirle al IRS un plan de pagos por una deuda que pudo haberse evitado. Ese hábito, más que cualquier deducción o estrategia sofisticada, es lo que separa al contratista independiente que prospera del que vive perpetuamente perseguido por una deuda fiscal.

Si la sección anterior fue la mala noticia del trabajo independiente, esta es la buena. Porque ser contratista no solo significa pagar más impuestos. También significa tener acceso a deducciones que un empleado común nunca puede tomar. Cada dólar que gastas de manera legítima y necesaria para operar tu negocio o realizar tu trabajo es un dólar que se resta de tu ingreso antes de calcular tu impuesto. Y cuando aprendes a identificar, documentar y reclamar esos gastos correctamente, la diferencia en tu factura fiscal puede ser de miles de dólares al año.

El principio fundamental es sencillo: para que un gasto sea deducible como gasto de negocio, debe ser ordinario y necesario para tu actividad. Ordinario significa que es un tipo de gasto común y aceptado en tu industria o profesión. Necesario significa que es útil y apropiado para tu trabajo, aunque no tiene que ser absolutamente indispensable. Un plomero que compra herramientas está haciendo un gasto ordinario y necesario. Un diseñador gráfico que compra software de diseño está haciendo un gasto ordinario y necesario. Un conductor de delivery que paga gasolina está haciendo un gasto ordinario y necesario. El IRS no te pide que demuestres que no podías vivir sin ese gasto, solo que era razonable y relevante para tu trabajo.

Uno de los gastos más significativos para muchos trabajadores independientes hispanos es el vehículo. Si usas tu carro para ir a trabajos, hacer entregas, visitar clientes o transportar materiales, puedes deducir el costo de uso de ese vehículo. Tienes dos opciones para calcular la deducción. La primera es el método de millaje estándar: llevas un registro de las millas que recorres por motivos de negocio durante el año y las multiplicas por la tarifa estándar que el IRS establece cada año, que generalmente ronda los sesenta y siete centavos por milla. Si recorriste quince mil millas por trabajo, tu deducción sería de aproximadamente diez mil dólares. La segunda opción es el método de gastos reales: sumas todo lo que gastaste en el vehículo durante el año, incluyendo gasolina, seguro, reparaciones, mantenimiento, registro, depreciación y pagos del préstamo si aplican, y luego multiplicas ese total por el porcentaje de millas que usaste para negocio versus uso personal.

El método de millaje estándar es más fácil de implementar y generalmente beneficia a quienes tienen vehículos económicos que recorren muchas millas. El método de gastos reales puede ser mejor si tienes un vehículo caro con costos altos de mantenimiento. Puedes elegir el que te convenga más, pero hay una regla importante: si empiezas usando un método en el primer año que usas el vehículo para negocio, eso puede limitar tus opciones en años futuros, especialmente con el método de gastos reales y la depreciación. Y con cualquiera de los dos métodos, necesitas un registro de millaje. Esto puede ser tan simple como una libreta en la guantera donde anotas la fecha, el destino, el propósito del viaje y las millas recorridas. También hay aplicaciones gratuitas para el teléfono que rastrean automáticamente tus viajes de trabajo usando el GPS. El IRS puede pedirte este registro en una auditoría, y si no lo tienes, puede rechazar toda la deducción por vehículo, que como viste puede ser de miles de dólares.

El teléfono celular es otro gasto que la mayoría de los trabajadores independientes puede deducir, al menos parcialmente. Si usas tu teléfono personal para el trabajo, puedes deducir el porcentaje de la factura mensual que corresponde a uso de negocio. Si estimas que el cincuenta por ciento de tus llamadas y datos son por trabajo, puedes deducir el cincuenta por ciento de tu factura anual de teléfono. Lo mismo aplica para tu plan de internet si trabajas desde casa. La clave aquí es ser razonable con tu estimación. Reclamar que el cien por ciento de tu teléfono es para negocio cuando claramente también lo usas para redes sociales, llamadas familiares y entretenimiento es una bandera roja que invita al escrutinio del IRS.

El home office, o deducción por oficina en el hogar, es una de las más valiosas pero también una de las más malentendidas. Para calificarla, necesitas un espacio en tu hogar que uses de manera regular y exclusiva para tu negocio. Regular y exclusiva son las palabras clave. No puedes deducir la mesa del comedor donde a veces pones tu computadora para trabajar pero donde también come tu familia. Necesitas un espacio dedicado: una habitación, un rincón claramente delimitado, un garaje convertido en taller. Ese espacio debe ser tu lugar principal de negocios o el lugar donde recibes clientes regularmente.

Si calificas, la deducción puede calcularse de dos maneras. El método simplificado te permite deducir cinco dólares por pie cuadrado de tu oficina en casa, hasta un máximo de trescientos pies cuadrados, lo que equivale a una deducción máxima de mil quinientos dólares. Es fácil de calcular y no requiere registros complicados. El método regular es más laborioso pero potencialmente más beneficioso: calculas qué porcentaje de tu hogar ocupa tu oficina y deduces ese porcentaje de tus gastos totales de vivienda, incluyendo renta o intereses hipotecarios, servicios de utilidades, seguro del hogar, reparaciones y mantenimiento. Si tu oficina ocupa el quince por ciento de tu casa, puedes deducir el quince por ciento de todos esos gastos.

Las herramientas y materiales que compras para tu trabajo son deducibles en su totalidad si los usas exclusivamente para tu negocio. Si eres contratista de construcción y compras un taladro, es deducible. Si haces limpieza y compras productos y equipo de limpieza, son deducibles. Si eres fotógrafo y compras una cámara que solo usas para trabajos pagados, es deducible. Para artículos de mayor valor, como maquinaria, equipo electrónico costoso o vehículos, puede que necesites depreciarlos a lo largo de varios años en lugar de deducirlos completamente en el año de compra, aunque existen provisiones como la deducción de la Sección 179 y la depreciación de bonificación que permiten deducir el costo total de ciertos activos en el primer año.

Los seguros que pagas por tu negocio también son deducibles. El seguro de responsabilidad civil, el seguro de tu vehículo comercial, la fianza que necesitas para ciertos trabajos, todo es gasto de negocio. Y si eres trabajador independiente y pagas tu propio seguro médico, ese costo es deducible como una deducción above the line, lo que significa que reduce tu AGI aunque tomes la deducción estándar. Esto es un beneficio enorme que muchos desconocen. Si pagas cuatrocientos dólares al mes por un plan de salud para ti y tu familia, esos cuatro mil ochocientos dólares anuales reducen directamente tu ingreso gravable.

Otros gastos deducibles comunes incluyen la publicidad y el marketing de tu negocio, como tarjetas de presentación, un sitio web o anuncios en redes sociales. Las licencias y permisos que necesitas para operar legalmente. Los servicios profesionales que contratas, como un contador que te prepara los taxes o un abogado que revisa un contrato. La capacitación y educación continua relacionada con tu oficio. Las cuotas de membresía a asociaciones profesionales. Y los suministros de oficina como papel, tinta, sobres, sellos postales y software de facturación.

El error más grande que cometen los trabajadores independientes hispanos con sus gastos de negocio no es reclamar cosas ilegítimas. Es no reclamar cosas legítimas. Gastan miles de dólares al año en gasolina, herramientas, materiales y teléfono para su trabajo, pero nunca guardan los recibos, nunca llevan un registro y cuando llega la hora de declarar, o no reclaman nada o inventan un número aproximado que puede ser menor o mayor a la realidad. Ambas situaciones son problemáticas. Si no reclamas tus gastos, pagas más impuestos de los que debes. Si inventas un número sin respaldo, corres el riesgo de que el IRS te pida comprobantes que no tienes y te rechace la deducción entera.

La disciplina de documentar tus gastos no tiene que ser agobiante. Tómate dos minutos al final de cada día de trabajo para fotografiar los recibos del día con tu teléfono y guardarlos en una carpeta. Usa una aplicación de contabilidad simple donde registres cada gasto con la fecha, el monto, la categoría y una breve descripción. Al final del año, cuando te sientes a hacer tus taxes o cuando le entregues la información a tu preparador, tendrás todo organizado y podrás reclamar cada dólar legítimo que gastaste en tu negocio. Esa carpeta de recibos y ese registro no solo te ahorran impuestos, sino que también te protegen en caso de auditoría. Son tu escudo y tu espada al mismo tiempo.

Capítulo 7 — Errores que salen caros

Hay una creencia muy extendida en la comunidad hispana de que si cometes un error en tus taxes, el IRS va a aparecer al día siguiente en tu puerta con esposas y una orden de deportación. Eso no es cierto, y ya hemos hablado de por qué esa imagen es una fantasía alimentada por el miedo y la desinformación. Pero hay otra creencia igualmente peligrosa en el otro extremo: que el IRS nunca se va a dar cuenta de un error, que las declaraciones desaparecen en un agujero negro de burocracia y que nadie revisa nada. Eso tampoco es cierto. El IRS tiene uno de los sistemas de cruce de información más sofisticados del mundo, y la mayoría de los errores que la gente comete en sus declaraciones se detectan de manera automática, sin que ningún ser humano tenga que levantar un dedo.

Entender cómo funciona esa detección automática es la mejor forma de evitar errores, porque cuando sabes qué busca el sistema, sabes exactamente qué revisar antes de enviar tu declaración.

El error más básico y más frecuente es también el más evitable: números equivocados. Un dígito mal en tu Social Security Number, un nombre que no coincide exactamente con el que aparece en la tarjeta del Seguro Social, una dirección con un código postal incorrecto, un monto de ingreso que tiene un cero de más o de menos. Estos errores parecen menores, pero pueden causar retrasos significativos en el procesamiento de tu declaración y en la entrega de tu refund. El sistema del IRS compara automáticamente el nombre y el SSN que pones en tu declaración con la base de datos del Seguro Social. Si no coinciden, tu declaración se rechaza o se marca para revisión. Lo mismo ocurre con los SSN de tus dependientes. Si el nombre o el número de tu hijo no coinciden con los registros del Seguro

Social, el sistema lo detecta antes de que un humano vea tu declaración.

La solución es revisar. Parece demasiado simple para mencionarlo, pero la cantidad de declaraciones que se rechazan cada año por errores tipográficos es asombrosa. Antes de enviar tu declaración, verifica cada número de Social Security contra la tarjeta física o el documento oficial. Asegúrate de que los nombres estén escritos exactamente como aparecen en los registros del gobierno, sin abreviaturas que no correspondan ni errores de ortografía. Revisa cada monto de ingreso contra el formulario W-2 o 1099 original. Si tu W-2 dice que ganaste cuarenta y dos mil trescientos cincuenta y siete dólares, tu declaración debe decir exactamente eso, no cuarenta y dos mil trescientos cincuenta y ocho. El sistema cruza esos números y cualquier discrepancia levanta una bandera.

El segundo error más común, y uno que genera auditorías con frecuencia en la comunidad hispana, es el de los dependientes duplicados. Esto ocurre cuando dos personas reclaman al mismo niño o al mismo familiar en sus declaraciones. Como mencionamos en el capítulo tres, el sistema detecta esto automáticamente porque ambas declaraciones incluyen el mismo SSN o ITIN del dependiente. Cuando eso sucede, el IRS envía cartas a ambas partes exigiendo documentación para demostrar quién tiene derecho a reclamar a esa persona. Si no puedes demostrar que el dependiente vivió contigo más de la mitad del año y que cumples con todos los requisitos, pierdes la deducción, pierdes los créditos asociados y tienes que devolver todo el beneficio fiscal que recibiste por ese dependiente, más intereses.

Este problema es especialmente frecuente en familias separadas donde ambos padres creen que tienen derecho a reclamar a los hijos, en hogares extendidos donde un abuelo y un padre reclaman al mismo nieto, o en situaciones donde un preparador de taxes poco ético reclama dependientes que no corresponden para inflar el refund del cliente. La prevención es comunicación. Si estás separado del otro padre de tus hijos, acuerden antes de declarar quién reclama a quién cada año. Si vives en un hogar con otros adultos que podrían reclamar a los mismos dependientes, hablen y decidan. No asumas que porque tú pagas más tienes derecho automático. Las reglas del IRS tienen criterios específicos de desempate, y el que paga más no siempre es el que gana.

El tercer error grave es no reportar ingresos. Y este es probablemente el que más consecuencias tiene porque el IRS lo interpreta con seriedad, ya sea que lo hayas hecho intencionalmente o por descuido. Cada vez que una empresa te paga y te envía un W-2 o un 1099, esa misma empresa le envía una copia idéntica al IRS. El gobierno ya sabe cuánto te pagaron antes de que tú presentes tu declaración. Cuando tú declaras un ingreso diferente al que el IRS tiene registrado, su sistema lo detecta automáticamente a través de un proceso llamado matching, que es literalmente el cruce de los números que tú reportas con los que tus pagadores reportaron.

Si la discrepancia es menor, por ejemplo si un 1099 muestra tres mil dólares y tú declaraste dos mil novecientos ochenta porque redondeaste, probablemente no pase nada. Pero si falta un formulario entero, si tuviste un trabajo del que recibiste un 1099-NEC y simplemente no lo incluiste en tu declaración, el IRS te va a enviar una carta llamada CP2000 proponiendo un ajuste a tu declaración. Esa carta básicamente dice: "Tenemos información de que recibiste ingresos que no reportaste. Aquí está el impuesto adicional que calculamos que debes, más intereses." Si el ajuste es correcto, puedes aceptarlo y pagar. Si no estás de acuerdo, puedes disputarlo con documentación. Pero el proceso es engorroso, estresante y completamente evitable si simplemente reportas todos tus ingresos desde el principio.

Un escenario que veo con mucha frecuencia en la comunidad es el del trabajador que tuvo un empleo formal con W-2 y además hizo algunos trabajos por fuera durante el año por los que le pagaron en efectivo o con Venmo o Zelle. Muchos piensan que si les pagaron en efectivo y no recibieron un 1099, ese dinero no cuenta y no tienen que reportarlo. Eso es incorrecto. La ley es clara: todo ingreso es gravable, hayas recibido un formulario o no. Si hiciste trabajos de pintura los fines de semana y te pagaron cuatro mil dólares en efectivo durante el año, esos cuatro mil dólares son ingreso que debes reportar en tu declaración. ¿Puede el IRS rastrearlo si nadie te emitió un formulario? Es más difícil, ciertamente. Pero si algún día esos patrones de ingreso y gasto no cuadran con lo que declaras, una auditoría puede descubrir la discrepancia. Y la penalización por ingresos no reportados intencionalmente es mucho más severa que la penalización por un error honesto.

Hay otros errores comunes que vale la pena mencionar. Usar el filing status equivocado, como hemos discutido en capítulos anteriores, puede costarte cientos de dólares. Calcular mal tus deducciones, ya sea inflándolas o no reclamando lo que te corresponde, también tiene impacto. Olvidarte de firmar la declaración, que parece absurdo pero sucede más de lo que imaginarías, causa un rechazo automático. Si presentas en papel y te olvidas de adjuntar un formulario requerido, tu declaración queda incompleta. Si usas una cuenta bancaria equivocada para el depósito directo de tu refund y pones un número de ruta o de cuenta incorrecto, tu refund puede ir a parar a la cuenta de otra persona o rebotar y retrasarse semanas.

El IRS tiene múltiples niveles de detección. El primero es el filtro automático que verifica nombres, números de Social Security y montos reportados contra la información que ya tiene en su sistema. El segundo nivel son los algoritmos estadísticos que identifican declaraciones con patrones inusuales: deducciones desproporcionadamente altas para el nivel de ingreso, créditos que no corresponden al perfil del contribuyente, o cambios drásticos de un año a otro que no tienen explicación aparente. El tercer nivel son las auditorías dirigidas, que se enfocan en áreas donde el IRS ha identificado fraude recurrente, como el Earned Income Tax Credit o los gastos de negocio de trabajadores independientes. No puedes evitar que te toque una auditoría aleatoria, pero sí puedes evitar que tu declaración sea seleccionada por patrones sospechosos simplemente siendo preciso y honesto en lo que reportas.

Mi recomendación práctica es esta: antes de enviar tu declaración, dedica quince minutos a una revisión final. Verifica cada SSN contra los documentos originales. Confirma que cada monto de ingreso coincide exactamente con los formularios que recibiste. Asegúrate de que estás usando el filing status correcto y de que cada dependiente que reclamas cumple con todos los requisitos. Revisa tus deducciones y confirma que tienes documentación que las respalde. Verifica tu información bancaria si elegiste depósito directo. Y si alguien más preparó tu declaración, revísala tú mismo antes de firmarla. Recuerda que tu firma significa que todo lo que dice esa declaración es correcto y completo según tu mejor conocimiento. No firmes lo que no entiendes. No firmes lo que no revisaste. Esos quince minutos de revisión pueden ahorrarte meses de correspondencia con el IRS y miles de dólares en ajustes, intereses y multas que pudieron haberse evitado.

Hay un tipo de error que no cometes tú, sino la persona en quien confías para hacer tus taxes. Y ese error puede costarte mucho más que cualquier número mal escrito o cualquier dependiente mal reclamado, porque cuando un preparador de impuestos comete fraude usando tu declaración, el responsable ante el IRS sigues siendo tú. Tu nombre, tu firma, tu problema. El preparador puede desaparecer, cerrar su oficina, cambiar de número de teléfono y mudarse a otro estado. Tú te quedas con la deuda, las multas y las consecuencias.

En la comunidad hispana, el problema de los preparadores fraudulentos es particularmente grave. No porque seamos más ingenuos que nadie, sino porque las condiciones son perfectas para que estos individuos operen. Hay una barrera de idioma que limita las opciones disponibles. Hay desconfianza hacia las instituciones que hace que la gente prefiera ir con alguien "de confianza" que le recomendó un conocido. Hay desconocimiento del sistema que impide verificar si lo que el preparador está haciendo es correcto. Y hay una presión cultural por obtener el refund más grande posible, lo que crea un mercado para personas que prometen exactamente eso sin importar cómo lo logren.

El término que usa el IRS para describir a estos individuos es "preparadores fantasma". Un preparador fantasma es alguien que te cobra por preparar tu declaración pero se niega a firmarla, no incluye su número de identificación en el formulario y no te da una copia de lo que presentó en tu nombre. Esa negativa a firmar es la señal de alarma más clara que existe, porque la ley federal requiere que cualquier persona que prepare una declaración de impuestos a cambio de una compensación la firme e incluya su PTIN, que es el Preparer Tax Identification Number emitido por el IRS. Si tu preparador no firma, es porque sabe que lo que está poniendo en esa declaración no resistiría un escrutinio, y no quiere que su nombre esté vinculado a ella cuando el IRS la revise.

Las tácticas de estos preparadores fraudulentos siguen patrones reconocibles. Algunos inventan ingresos que no existen para inflar el Earned Income Tax Credit y generar un refund más grande. Otros reclaman dependientes que no son tuyos para obtener créditos adicionales. Algunos inflan deducciones de negocio creando gastos ficticios. Otros añaden créditos de educación por estudios que nadie está cursando. El resultado inmediato es un refund grande que te hace sentir que ese preparador es un genio. El resultado a largo plazo es una carta del IRS exigiéndote que devuelvas todo lo que recibiste de más, con intereses y multas, y en los casos más graves, una investigación por fraude que puede tener consecuencias penales.

He escuchado historias dentro de nuestra comunidad que se repiten con variaciones menores. El señor que le cobra setenta dólares a cada cliente, les promete un refund de cinco mil o más, presenta declaraciones infladas, cobra su parte y cuando el IRS empieza a enviar cartas dos años después, ya cerró la oficinita y nadie sabe dónde encontrarlo. La señora que opera desde su casa, atiende solo por recomendación, no da recibos, no firma nada y dice que así es mejor para todos. El tipo que tiene un letrero enorme de "taxes" cada temporada en un local que el resto del año vende otra cosa, y que desaparece el dieciséis de abril como si nunca hubiera existido. Todos estos escenarios son reales y todos terminan de la misma manera: el contribuyente se queda solo frente al IRS sosteniendo una declaración que alguien más llenó pero que lleva su nombre.

Entonces, ¿cómo identificas a un preparador legítimo? Hay señales claras que debes verificar antes de confiarle tu información financiera a cualquier persona.

Lo primero es el PTIN. Todo preparador de impuestos que cobra por su servicio debe tener un Preparer Tax Identification Number vigente emitido por el IRS. Puedes pedirle su PTIN directamente y verificarlo en el directorio de preparadores del IRS, que está disponible en línea. Si la persona no tiene PTIN o se niega a dártelo, no le entregues tus documentos. Así de simple.

Lo segundo es la firma. Cuando tu declaración esté lista, antes de que se envíe, tu preparador debe firmarla e incluir su PTIN en la sección designada del formulario. Si tu preparador te dice que no necesita firmar, que es mejor que no firme, o que firmar no es obligatorio, estás frente a un preparador fantasma y debes salir de ahí inmediatamente.

Lo tercero es la copia. Tu preparador está obligado a darte una copia completa de tu declaración tal como fue presentada. No un resumen, no solo la primera página, no una nota escrita a mano con el monto del refund. La declaración completa, con todos los formularios y anexos. Esa copia es tu registro de lo que se presentó en tu nombre y es tu protección en caso de que haya problemas en el futuro. Si tu preparador no te da copia, exígela. Si se niega, esa es otra señal de que algo no está bien.

Más allá de estos tres puntos fundamentales, hay otras señales de un preparador confiable. Los preparadores legítimos nunca basan su tarifa en el monto de tu refund. Si alguien te dice "te cobro un porcentaje de lo que te salga", esa persona tiene un incentivo directo para inflar tu refund artificialmente, y eso te pone en riesgo. Un preparador profesional cobra una tarifa fija o una tarifa basada en la complejidad de tu declaración, independientemente del resultado. Los preparadores legítimos tampoco te piden que firmes una declaración en blanco, que les deposites el refund en su cuenta personal para después darte tu parte, ni que presentes tu declaración con información que no puedes verificar.

Si buscas opciones de preparación gratuita, el programa VITA del IRS ofrece preparación de taxes sin costo para personas con ingresos bajos y moderados, personas con discapacidades, personas mayores y personas con dominio limitado del inglés. Los voluntarios de VITA están certificados por el IRS y operan en centros comunitarios, iglesias, bibliotecas y universidades por todo el país. Es una opción segura, gratuita y disponible en español en muchas localidades.

Tu declaración de impuestos contiene la información más sensible que existe sobre ti: tu nombre, tu número de Social Security, tu dirección, tus ingresos, tu información bancaria. Entregarle eso a alguien que no puedes verificar es un riesgo que no vale ningún refund, por grande que sea.

Ahora hablemos de lo que muchos consideran el peor escenario: ya cometiste un error. Ya presentaste tu declaración, ya recibiste tu refund o ya pagaste lo que debías, y ahora te das cuenta de que algo estaba mal. Tal vez olvidaste incluir un 1099 que llegó tarde. Tal vez descubriste que tu preparador reclamó un crédito al que no tenías derecho. Tal vez usaste el filing status equivocado o no reclamaste una deducción que te correspondía. Sea lo que sea, el error ya está hecho y la declaración ya está en manos del IRS.

La reacción natural es el pánico. Pero antes de que te invada la angustia, necesitas saber algo fundamental: casi todo error tributario tiene solución. El sistema está diseñado para permitir correcciones. No espera que seas perfecto. Espera que seas honesto, y parte de esa honestidad incluye corregir lo que hiciste mal cuando te das cuenta de ello. El mecanismo para hacerlo se llama declaración enmendada, y el formulario que se usa es el 1040-X.

El formulario 1040-X no es una declaración nueva que reemplaza la original. Es un formulario complementario que le dice al IRS exactamente qué cambió entre lo que presentaste originalmente y lo que debió haber sido. Tiene tres columnas principales: la primera muestra los números de tu declaración original, la segunda muestra la diferencia o el ajuste, y la tercera muestra los números corregidos. Además, hay una sección donde debes explicar por escrito, en inglés, la razón de cada cambio. No necesitas escribir un ensayo, pero sí necesitas ser claro y específico. Algo como "no incluí un 1099-NEC de la empresa XYZ por dos mil quinientos dólares que recibí en marzo" es suficiente. El IRS quiere saber qué cambió y por qué, no necesita tu historia de vida.

Desde hace unos años, el IRS acepta declaraciones enmendadas presentadas electrónicamente a través de los principales software de preparación de taxes. Antes, el 1040-X solo se podía enviar por correo postal, lo que significaba semanas o meses de espera.

La opción electrónica ha agilizado el proceso significativamente, aunque el tiempo de procesamiento sigue siendo más largo que el de una declaración regular. Puedes esperar entre ocho y dieciséis semanas, y en algunos casos más, para que tu enmienda sea procesada. Puedes verificar el estatus de tu enmienda en el sitio web del IRS usando la herramienta "Where's My Amended Return".

¿Cuándo deberías presentar una declaración enmendada? Siempre que descubras un error que afecte tu obligación fiscal. Si olvidaste reportar ingresos, debes enmendar. Si reclamaste un crédito o una deducción que no te correspondía, debes enmendar. Si usaste el filing status equivocado, debes enmendar. Si descubriste un dependiente que debiste haber reclamado pero no lo hiciste, puedes enmendar para obtener el beneficio fiscal que te perdiste. La enmienda funciona en ambas direcciones: tanto para corregir errores que te perjudicaron como para corregir errores que te beneficiaron indebidamente.

Hay errores que no requieren enmienda. Si cometiste un error matemático simple, como sumar mal dos números, el IRS generalmente lo corrige automáticamente y te envía una notificación con el ajuste. Si olvidaste adjuntar un formulario requerido con tu declaración en papel, el IRS normalmente te contacta para pedírtelo sin necesidad de que enmiendes. Pero si el error afecta tus ingresos reportados, tus deducciones, tus créditos o tu filing status, la enmienda es el camino correcto.

Los plazos son importantes. Tienes tres años desde la fecha en que presentaste tu declaración original, o dos años desde la fecha en que pagaste el impuesto, lo que sea posterior, para presentar una enmienda y reclamar un refund. Si descubres que hace cuatro años no reclamaste un crédito que te correspondía, probablemente ya perdiste la oportunidad de recuperar ese dinero. Por eso es tan importante revisar tu declaración antes de presentarla y detectar errores lo antes posible. Cuanto más tiempo pase, más limitadas son tus opciones.

Ahora, ¿qué pasa si el error resulta en que debes dinero adicional al IRS? Aquí la urgencia es mayor porque los intereses y las multas empiezan a acumularse desde la fecha límite original de la declaración, no desde la fecha en que descubriste el error. Si presentaste tu declaración del año pasado el quince de marzo y en agosto te das cuenta de que olvidaste reportar tres mil dólares de ingresos, los intereses sobre el impuesto adicional que debes se calculan desde el quince de abril, no desde agosto. Por eso, si sabes que tu enmienda va a resultar en un saldo a pagar, no esperes. Envía el pago lo antes posible, incluso antes de que presentes formalmente el 1040-X. Puedes hacer un pago a través del sistema de pagos del IRS indicando que es por un impuesto adicional del año en cuestión. Eso detiene la acumulación de intereses sobre la cantidad que pagaste, aunque la enmienda tarde semanas en procesarse.

¿Qué pasa si tu preparador fue quien cometió el error? Legalmente, la responsabilidad sigue siendo tuya porque firmaste la declaración. Sin embargo, tienes opciones. Si el error fue del preparador, puedes pedirle que presente la enmienda sin costo adicional. Muchos preparadores legítimos tienen políticas de corrección gratuita para errores que fueron suyos. Si el preparador se niega, o si resulta ser uno de los preparadores fantasma de los que hablamos en la sección anterior y no puedes localizarlo, tendrás que buscar otro preparador o hacerlo tú mismo. En casos donde el error del preparador te causó multas e intereses significativos, puedes solicitar al IRS un alivio de penalidades argumentando que confiaste en un profesional. No siempre funciona, pero el IRS tiene la autoridad discrecional de eliminar ciertas multas cuando hay causa razonable.

También existe una protección específica para cónyuges que descubren que su pareja cometió errores o fraude en una declaración conjunta. Se llama "innocent spouse relief" o alivio para cónyuge inocente, y permite que la persona que no sabía del error o del fraude quede liberada de la responsabilidad fiscal asociada. Esto es particularmente relevante en situaciones de divorcio o separación donde un cónyuge descubre después de los hechos que el otro no reportó ingresos o reclamó deducciones falsas.

La moraleja de todo este capítulo es que los errores en taxes son comunes, pero rara vez son el fin del mundo. El sistema permite correcciones. El IRS, contrario a lo que muchos creen, prefiere que corrijas voluntariamente antes de que ellos tengan que detectar el problema. Una enmienda presentada por tu propia iniciativa es vista de manera mucho más favorable que un ajuste forzado después de una auditoría. Demuestra buena fe, demuestra que estás prestando atención y demuestra que tomas tus obligaciones fiscales en serio. No tengas miedo de corregir un error. Ten miedo de dejarlo sin corregir, porque el tiempo no hace que los errores fiscales desaparezcan. Los hace más caros.

Capítulo 8 — Cartas del IRS sin pánico

Pocas cosas producen tanto terror en un hogar hispano como un sobre del IRS en el buzón. Ese sobre blanco con las letras "Department of the Treasury, Internal Revenue Service" en la esquina superior izquierda tiene el poder de arruinarle el día, la semana y a veces el mes entero a quien lo recibe. He visto personas que lo dejan sobre la mesa durante días sin abrirlo, como si el contenido pudiera empeorar con el tiempo, como si no abrirlo significara que el problema no existe. He visto familias donde la persona que recibe la carta entra en un espiral de ansiedad convencida de que le van a quitar la casa, congelar sus cuentas o algo peor. Y he visto a demasiados hispanos que sí abren la carta, no entienden lo que dice porque está en inglés y llena de códigos, la guardan en un cajón y nunca responden, lo cual es probablemente la peor decisión posible.

Necesitamos cambiar esa relación con las cartas del IRS. Y el primer paso es entender algo fundamental: una carta del IRS no es una acusación. No es una demanda. No es una sentencia. En la inmensa mayoría de los casos, es simplemente una comunicación administrativa. El IRS te está informando de algo, te está pidiendo algo, o te está notificando un cambio. Puede ser tan mundano como un aviso de que tu refund fue enviado, o tan serio como una propuesta de ajuste a tu declaración. Pero incluso en los casos más serios, una carta es el inicio de un proceso, no el final. Tienes derechos, tienes plazos para responder y tienes opciones. Nada se resuelve con una sola carta. Nada se cierra sin darte la oportunidad de participar.

El IRS envía cartas por muchas razones distintas, y cada tipo de carta tiene un código de identificación que aparece en la esquina superior derecha de la primera página. Ese código, que generalmente empieza con las letras "CP" o "LTR" seguidas de un número, te dice exactamente de qué se trata la comunicación.

Conocer los códigos más comunes te permite identificar inmediatamente qué tipo de situación enfrentas y qué nivel de urgencia tiene.

La carta que más frecuentemente reciben los hispanos que trabajan por cuenta propia o que tienen múltiples fuentes de ingreso es la CP2000. Esta no es técnicamente una carta de auditoría, aunque mucha gente la confunde con una. Es una propuesta de ajuste. Lo que significa es que el IRS cruzó la información que tú reportaste en tu declaración con la información que tus empleadores, bancos, clientes y otras entidades reportaron sobre ti, y encontró una discrepancia. Tal vez un cliente te envió un 1099-NEC que tú no incluiste en tu declaración. Tal vez tu banco reportó intereses que tú no declaraste. Tal vez recibiste beneficios de desempleo que no aparecen en tu formulario. La CP2000 te muestra exactamente qué información tiene el IRS que no coincide con lo que tú presentaste, y te propone un ajuste a tu declaración junto con el impuesto adicional que calcularón que debes, más intereses.

Lo primero que necesitas entender sobre la CP2000 es que es una propuesta, no una orden. El IRS te está diciendo: "Creemos que esto es lo que debió ser. ¿Estás de acuerdo?" Tienes el derecho de aceptar el ajuste si es correcto, de aceptarlo parcialmente si parte es correcta y parte no, o de disputarlo por completo si crees que el IRS está equivocado. La carta viene con un plazo de respuesta, generalmente treinta días, y es absolutamente crucial que respondas dentro de ese plazo. Si no respondes, el IRS asume que estás de acuerdo con su propuesta y procede a hacer el ajuste, enviarte la factura y empezar a cobrar. Muchos hispanos reciben la CP2000, no la entienden, no responden, y semanas después se sorprenden cuando llega una segunda carta con un saldo que ya incluye multas e intereses adicionales.

Otra carta frecuente es la CP501, que es un aviso de balance. Esta carta simplemente te dice que tienes un saldo pendiente con el

IRS. Puede ser porque debías dinero cuando presentaste tu declaración y no pagaste, porque el IRS hizo un ajuste a tu declaración que resultó en un impuesto adicional, o porque tienes una deuda de un año anterior que no has cubierto. La CP501 es el primer recordatorio. Si no pagas ni respondes, le siguen la CP503 y la CP504, que son recordatorios progresivamente más urgentes. La CP504 es particularmente importante porque es el aviso de intención de embargo. Significa que si no actúas, el IRS puede proceder a embargar tu refund de años futuros, a colocar un lien sobre tu propiedad, o a tomar otras acciones de cobro. Pero incluso en ese punto, sigues teniendo opciones, y el embargo no ocurre de la noche a la mañana.

La carta CP11 es otro aviso común. Te informa que el IRS hizo un cambio en tu declaración debido a un error de cálculo. Puede ser que sumaste mal, que aplicaste un crédito incorrectamente, o que usaste la tabla de impuestos equivocada. La CP11 te muestra el cálculo correcto según el IRS y el saldo resultante, ya sea que debas más o que te deban a ti. Al igual que con la CP2000, puedes aceptar el cambio o disputarlo si crees que el cálculo original era correcto.

También existe la carta CP12, que es de las pocas que trae buenas noticias. La CP12 te notifica que el IRS corrigió un error en tu declaración y que el resultado es un refund mayor al que esperabas, o un refund cuando pensabas que no recibirías nada. Generalmente no requiere acción de tu parte, pero vale la pena revisarla para asegurarte de que la corrección tiene sentido y de que la cantidad ajustada es correcta.

La LTR 5071C o la carta 5747C son cartas de verificación de identidad. Estas llegan cuando el IRS sospecha que alguien presentó una declaración fraudulenta usando tu nombre y tu número de Social Security. Es una medida de protección contra el robo de identidad. La carta te pide que verifiques tu identidad, generalmente en línea o por teléfono, antes de que el IRS procese tu declaración. Si recibes una de estas, no la ignores. Verifica tu identidad lo antes posible para que tu declaración pueda ser procesada. Y si tú no presentaste la declaración que el IRS está tratando de verificar, eso significa que alguien más lo hizo en tu nombre y necesitas actuar rápidamente para reportar el robo de identidad.

Un punto importante sobre todas estas cartas: el IRS siempre se comunica inicialmente por correo postal. Nunca por email, nunca por mensaje de texto, nunca por WhatsApp y nunca por redes sociales. Si recibes un mensaje electrónico que dice ser del IRS pidiéndote información personal, números de cuenta o pagos inmediatos, es una estafa. El IRS tampoco te llama por teléfono como primer punto de contacto. Si alguien te llama diciendo que es del IRS y te amenaza con arresto o deportación si no pagas inmediatamente con tarjetas de regalo o transferencia bancaria, cuelga el teléfono. Es un fraude. Estas estafas telefónicas son extremadamente comunes y están dirigidas específicamente a la comunidad hispana, aprovechando el miedo y la barrera del idioma.

Entonces, ¿cuál debería ser tu protocolo cuando recibes una carta del IRS? El primero paso es abrirla el mismo día que la recibes. No la dejes para después, no la escondas, no pretendas que no llegó. El segundo paso es identificar el código de la carta en la esquina superior derecha. Ese código te dice de qué se trata. El tercer paso es leerla completa. Si no entiendes el inglés lo suficiente, pide ayuda a alguien de confianza que pueda traducirla, o llama al IRS directamente, porque tienen servicio en español. El cuarto paso es identificar si la carta requiere alguna acción de tu parte y cuál es el plazo para actuar. Muchas cartas incluyen una fecha límite de respuesta claramente marcada. El quinto paso es actuar dentro de ese plazo, ya sea que necesites pagar, enviar documentación, disputar un ajuste, o simplemente confirmar tu identidad.

Lo que nunca debes hacer, bajo ninguna circunstancia, es ignorar una carta del IRS. El silencio no hace que el problema desaparezca. Lo amplifica. Un aviso de balance de trescientos dólares que ignoras hoy puede convertirse en una deuda de ochocientos dólares dentro de un año cuando se suman intereses y multas por no responder. Una propuesta de ajuste que podrías haber disputado exitosamente se convierte en un ajuste firme e indiscutible si dejas pasar el plazo de respuesta. El IRS te da tiempo y oportunidades para resolver las cosas. Pero esas oportunidades tienen fecha de vencimiento, y una vez que pasan, tus opciones se reducen significativamente.

La carta del IRS no es tu enemiga. Es información. Y la información, cuando la entiendes y actúas sobre ella, es tu mejor protección.

Saber que una carta del IRS no es el fin del mundo es el primer paso. Saber exactamente qué hacer con ella es lo que marca la diferencia entre una situación que se resuelve en semanas y una que se arrastra durante meses o años acumulando intereses y complicaciones. Lo que necesitas es un procedimiento claro, paso a paso, que puedas seguir cada vez que uno de esos sobres blancos aparezca en tu buzón. Un protocolo que repitas sin importar el tipo de carta, sin importar si es la primera o la quinta vez que recibes correspondencia del IRS.

El primer paso ya lo mencionamos pero vale la pena repetirlo porque es donde la mayoría falla: abre la carta inmediatamente. El mismo día que la recibes. No mañana, no el fin de semana, no cuando tengas tiempo. Hoy. Cada día que pasa sin abrir esa carta es un día menos del plazo que tienes para responder, y muchas cartas del IRS tienen plazos de treinta días que empiezan a correr desde la fecha impresa en la carta, no desde el día que la recibiste. Si el correo tardó una semana en llegar, ya perdiste siete de tus treinta días sin siquiera saberlo.

El segundo paso es leer la carta completa y con atención. No te quedes con la primera línea ni con el número grande que aparece en la sección de saldo. Lee todo. Las cartas del IRS están organizadas de manera bastante lógica, aunque el lenguaje pueda ser técnico. Generalmente empiezan explicando el motivo de la carta, después muestran los detalles del ajuste o la solicitud, luego te presentan tus opciones y finalmente te dan las instrucciones para responder y la fecha límite. Si la carta está en inglés y no te sientes cómodo con el idioma, no intentes adivinar lo que dice. Busca ayuda. Puedes llamar al número que aparece en la esquina superior derecha de la carta, que es la línea directa del departamento que la envió, y pedir servicio en español. También puedes acudir a un centro de asistencia al contribuyente del IRS, conocido como Taxpayer Assistance Center, donde pueden ayudarte en persona. Y por supuesto, puedes llevarla a un preparador de impuestos o un profesional fiscal que hable español y que pueda explicarte exactamente qué dice y qué implica.

El tercer paso es verificar la información. Esto es crítico y es donde mucha gente falla porque asume que si el IRS dice que debes dinero, entonces debes dinero y punto. No necesariamente. El IRS puede equivocarse. Sus sistemas cruzan información automáticamente, y a veces esos cruces producen resultados incorrectos. Por ejemplo, podrías recibir una CP2000 diciendo que no reportaste un ingreso de cinco mil dólares de cierta empresa, cuando en realidad sí lo reportaste pero bajo una categoría diferente, o cuando ese ingreso corresponde a un reembolso que no es gravable, o cuando la empresa reportó un monto equivocado. Tu trabajo es tomar la carta, sacar tu copia de la declaración que presentaste y los formularios originales que usaste, y comparar número por número. ¿Coincide lo que dice el IRS con lo que tú declaraste? ¿Coincide con los W-2 y 1099 que recibiste? ¿Hay algún formulario que recibiste y no incluiste? ¿Hay algún error en los formularios que te enviaron? Esta verificación es tu derecho y tu responsabilidad.

El cuarto paso es responder por escrito dentro del plazo establecido. Si después de verificar la información descubres que el IRS tiene razón y efectivamente cometiste un error, acepta el ajuste, firma el formulario de respuesta que viene incluido con la carta, y envíalo junto con el pago si debes dinero adicional. Si el IRS no tiene razón, o si solo tiene razón parcialmente, escribe una respuesta clara explicando por qué no estás de acuerdo. Incluye copias de los documentos que respaldan tu posición. Si el IRS dice que no reportaste un ingreso y tú tienes prueba de que sí lo hiciste, adjunta la página de tu declaración donde aparece ese ingreso y el formulario correspondiente. Si el monto que reporta el IRS es diferente al que aparece en tu 1099, adjunta tu copia del 1099 mostrando la cifra correcta. Sé específico, sé claro y sé conciso. No escribas cartas emocionales, no incluyas información irrelevante y no amenaces. Simplemente presenta los hechos y la documentación.

Un detalle que muchos pasan por alto y que puede salvarte en situaciones futuras: guarda copias de absolutamente todo. Cada carta que recibes del IRS, cada respuesta que envías, cada documento que adjuntas, cada comprobante de envío. Si respondes por correo postal, usa correo certificado con acuse de recibo para tener prueba de que tu respuesta fue enviada y de la fecha en que se envió. Si respondes por fax, que es una opción que el IRS todavía acepta, guarda la confirmación de transmisión. Si llamas al IRS por teléfono, anota la fecha, la hora, el nombre o el número de identificación del agente con quien hablaste y un resumen de lo que se discutió. Esta documentación es tu protección. Si el IRS dice que nunca recibió tu respuesta, tú puedes demostrar que la enviaste. Si un agente te dijo algo por teléfono que después el IRS contradice en una carta, tú tienes un registro de esa conversación.

Si necesitas más tiempo para responder, puedes solicitarlo. Las cartas del IRS generalmente incluyen un número de teléfono donde puedes llamar para pedir una extensión del plazo. No siempre la conceden, pero en muchos casos están dispuestos a darte tiempo adicional si lo solicitas antes de que venza el plazo original. Lo que no puedes hacer es simplemente no responder y esperar que el IRS te dé más tiempo por su cuenta. El silencio se interpreta como aceptación.

Este procedimiento de cinco pasos, abrir, leer, verificar, responder y guardar copias, funciona para prácticamente cualquier carta del IRS. No importa si es una CP2000, una CP501, una solicitud de documentación adicional o un aviso de cambio en tu declaración. La mecánica es la misma. Lo que cambia es el contenido de tu respuesta, no el proceso. Y cuando tienes un proceso claro, la carta del IRS pasa de ser un motivo de pánico a ser un trámite que manejas con la misma calma con la que manejas cualquier otra correspondencia importante. No es agradable, nadie disfruta recibir correo del IRS, pero deja de ser aterrador cuando sabes exactamente qué hacer.

Ahora hablemos del escenario que más angustia genera: debes dinero al IRS y no puedes pagarlo. Tal vez es porque tu declaración resultó en un saldo a favor del gobierno. Tal vez es porque recibiste una carta de ajuste que aumentó tu impuesto. Tal vez es una deuda de un año anterior que se fue acumulando con intereses y multas hasta convertirse en un número que sientes imposible de pagar. Sea cual sea la razón, estás frente a una deuda con el IRS y cada día que pasa la cifra crece un poco más.

Lo primero que necesitas saber es que el IRS no es un acreedor inflexible. No es como un banco que te embarga el carro sin previo aviso ni como un prestamista que te envía a cobradores agresivos desde el primer día de atraso. El IRS es, sorprendentemente, una de las entidades más dispuestas a negociar que vas a encontrar. Tiene programas formales diseñados para ayudar a personas que deben impuestos y no pueden pagar la totalidad de una vez. Y estos programas no son secretos ni son favores especiales. Son opciones establecidas por ley que cualquier contribuyente puede solicitar.

La primera opción, y la más común, es un plan de pagos a plazos, conocido como installment agreement. Este plan te permite pagar tu deuda en cuotas mensuales a lo largo del tiempo en lugar de pagar todo de golpe. Si debes cincuenta mil dólares o menos en impuestos, multas e intereses combinados, puedes solicitar un plan de pagos en línea a través del sitio web del IRS sin necesidad de hablar con nadie ni de proporcionar estados financieros detallados. El sistema te permite elegir el monto de tu cuota mensual y la fecha del mes en que prefieres pagar. Generalmente, el IRS espera que la deuda se pague dentro de setenta y dos meses, así que tu cuota mínima sería el total de la deuda dividido entre setenta y dos. Si debes doce mil dólares, eso sería alrededor de ciento sesenta y siete dólares al mes.

Hay un cargo por establecer el plan, que varía dependiendo de si lo solicitas en línea o por teléfono, y si eliges pago por débito directo automático o manual. La opción más económica es solicitarlo en línea con débito directo, que tiene un cargo de establecimiento reducido. Los intereses y una multa reducida por pago tardío siguen acumulándose sobre el saldo mientras pagas, así que conviene pagar lo más rápido posible para minimizar el costo total. Pero la gran ventaja del plan de pagos es que detiene las acciones de cobro más agresivas. Mientras estés al día con tus cuotas, el IRS no va a embargar tu sueldo, no va a colocar un lien sobre tu propiedad por deudas menores, y no va a tomar tu refund de años futuros, aunque esto último depende del tipo de acuerdo y del monto de la deuda.

Si debes más de cincuenta mil dólares, también puedes solicitar un plan de pagos, pero el proceso es más complejo. Necesitas llenar el formulario 9465 y posiblemente el formulario 433-A, que es una declaración de información financiera donde detallas tus ingresos, gastos, activos y deudas. El IRS usa esa información para determinar cuánto puedes pagar razonablemente cada mes. No esperan que vivas en la calle para pagarles, pero sí esperan que hagas un esfuerzo razonable basado en tu capacidad real.

La segunda opción, menos conocida pero potencialmente transformadora, es la Offer in Compromise, o OIC. Este programa permite que pagues tu deuda con el IRS por una cantidad menor a lo que realmente debes. Suena demasiado bueno para ser verdad, y en cierto sentido tiene un nivel de exigencia alto, pero es real y hay miles de personas que lo usan exitosamente cada año. El IRS acepta una Offer in Compromise cuando determina que es poco probable que pueda cobrar la deuda completa en un plazo razonable, ya sea porque tus ingresos y activos no son suficientes para cubrirla, porque hay dudas legítimas sobre si realmente debes esa cantidad, o porque circunstancias excepcionales hacen que cobrar la totalidad sería injusto.

Para solicitar una OIC, necesitas llenar el formulario 656 y el formulario 433-A o 433-B dependiendo de si eres individuo o negocio, junto con un pago inicial y un cargo de solicitud. Antes de aplicar, el IRS tiene una herramienta en línea llamada Offer in Compromise Pre-Qualifier que te ayuda a determinar si podrías ser elegible. La herramienta considera tus ingresos, tus gastos, tus activos y tu capacidad de pago para calcular un monto mínimo de oferta que el IRS consideraría razonable. Si el resultado indica que puedes pagar la deuda completa a través de un plan de pagos regular, es poco probable que te aprueben una OIC.

Un punto importante: hay muchas empresas que se anuncian agresivamente en la televisión y la radio hispana prometiendo reducir tu deuda con el IRS a centavos por dólar. Muchas de estas empresas cobran miles de dólares por adelantado, hacen promesas que no pueden cumplir, y terminan presentando una OIC que el IRS rechaza porque el contribuyente nunca calificó en primer lugar. Ten mucho cuidado con estos servicios. Si decides buscar ayuda profesional para una OIC, asegúrate de trabajar con un abogado de impuestos, un contador público certificado o un agente inscrito que tenga experiencia verificable con este tipo de casos. Y antes de pagar a nadie, usa la herramienta gratuita del IRS para tener una idea realista de si calificas.

La tercera opción es el estatus de Currently Not Collectible, o CNC, que significa que el IRS determina que en este momento no puedes pagar absolutamente nada sin comprometer tus necesidades básicas de vida. Si tus ingresos apenas cubren la comida, la renta, los servicios y el transporte esencial, puedes solicitar que el IRS coloque tu cuenta en estatus de no cobrable. Esto no elimina tu deuda ni detiene la acumulación de intereses, pero sí detiene todas las acciones de cobro. El IRS deja de enviarte cartas de cobro, no embarga tu sueldo ni tus bienes, y básicamente te da un respiro mientras tu situación financiera mejora. El IRS revisa periódicamente las cuentas en estatus CNC comparando tu información con reportes de ingresos que recibe, y si determina que tu situación ha mejorado, puede reactivar el cobro.

Hay un detalle adicional que beneficia a quienes tienen deudas antiguas: el plazo de prescripción para el cobro. El IRS tiene diez años desde la fecha en que se determinó tu deuda para cobrarla. Después de esos diez años, la deuda expira y el IRS ya no puede cobrarla legalmente. Este plazo se llama Collection Statute Expiration Date, o CSED. Si tu deuda es antigua y te quedan pocos años para que prescriba, a veces la estrategia más inteligente es un plan de pagos mínimos o un estatus CNC que te permita llegar a esa fecha de vencimiento sin pagar la totalidad. Esto no es evasión, es planificación dentro del marco legal. Un profesional de impuestos puede ayudarte a evaluar si esta estrategia tiene sentido para tu caso particular.

Lo que quiero que entiendas al cerrar este capítulo es que deber dinero al IRS no es una sentencia de muerte financiera. Es un problema, sí, pero es un problema con soluciones. Puedes pagar en cuotas. Puedes negociar pagar menos. Puedes pedir que suspendan el cobro temporalmente. Puedes esperar a que la deuda prescriba en ciertos casos. Lo que no puedes hacer es ignorar la situación, porque la inacción es lo único que convierte un problema manejable en una crisis. El IRS está dispuesto a trabajar contigo. Solo necesita que des el primer paso, que levantes el teléfono, que abras la carta, que llenes el formulario. Ese primer paso, que parece tan difícil cuando estás paralizado por el miedo, es el que cambia todo.

Capítulo 9 — Situaciones especiales de nuestra comunidad

Este es probablemente el capítulo más importante de todo el libro para una porción significativa de sus lectores. Y es también el más delicado, porque toca un tema que en la comunidad hispana se discute en voz baja, con miedo y con mucha desinformación circulando en ambas direcciones. Hablo de los impuestos cuando no tienes un número de Social Security. Hablo de declarar con ITIN. Hablo de la realidad fiscal de millones de personas que viven, trabajan y contribuyen a la economía de Estados Unidos sin tener un estatus migratorio autorizado, y que cada año enfrentan la temporada de taxes con una pregunta que nadie les contesta con claridad: ¿debo declarar, puedo declarar, y qué pasa si lo hago?

La respuesta corta a las tres preguntas es sí, sí y probablemente cosas mejores de las que imaginas. Pero la respuesta corta no es suficiente cuando hay tanto en juego, así que vamos a recorrer este tema con el cuidado y la profundidad que merece.

Empecemos por el marco legal, porque todo lo demás se construye sobre esto. La obligación de pagar impuestos en Estados Unidos no depende de tu estatus migratorio. Depende de si generas ingresos en el país. El código tributario es ciego al estatus migratorio. No pregunta si tienes visa, si tienes residencia, si tienes permiso de trabajo o si no tienes ninguno de los anteriores. Pregunta una sola cosa: ¿recibiste ingresos? Si la respuesta es sí, tienes obligación de declarar y pagar impuestos sobre esos ingresos, independientemente de cómo llegaste al país o de cuál sea tu situación legal en él. Esta no es una interpretación creativa de la ley ni un consejo arriesgado. Es la posición oficial del IRS, publicada en su sitio web y reforzada en múltiples comunicados a lo largo de los años.

El ITIN existe precisamente para hacer posible este cumplimiento. Como explicamos en el capítulo dos, el Individual Taxpayer Identification Number es un número emitido por el IRS para personas que tienen obligación tributaria pero que no califican para obtener un Social Security Number. El IRS creó el ITIN en mil novecientos noventa y seis con un propósito exclusivamente fiscal: permitir que estas personas declaren y paguen sus impuestos. No es un permiso de trabajo, no confiere estatus migratorio, no otorga elegibilidad para beneficios del Seguro Social y no sirve como identificación para propósitos no tributarios. Pero dentro del ámbito fiscal, es un número plenamente válido que te permite interactuar con el sistema de impuestos como cualquier otro contribuyente.

Ahora, ¿qué puedes hacer con un ITIN a la hora de declarar? Más de lo que la mayoría cree. Puedes presentar tu declaración de impuestos federal usando el formulario 1040, exactamente igual que cualquier persona con SSN. Puedes reportar tus ingresos, ya sea que te hayan pagado con un W-2 donde usaste tu ITIN, con un 1099, o incluso ingresos en efectivo que no generaron ningún formulario. Puedes tomar la deducción estándar. Puedes reclamar deducciones detalladas si te convienen más. Puedes deducir gastos de negocio si trabajas por cuenta propia. Y puedes reclamar ciertos créditos tributarios, aunque no todos.

Aquí es donde necesitamos hablar de los límites, porque son reales y es importante conocerlos para no cometer errores que generen problemas. La limitación más significativa para los contribuyentes con ITIN es que no pueden reclamar el Earned Income Tax Credit. Este crédito, que como vimos en el capítulo cinco puede valer miles de dólares para familias trabajadoras, requiere que el contribuyente y su cónyuge, si declara en conjunto, tengan un SSN válido para empleo. No hay excepción ni alternativa. Si declaras con ITIN, el EITC está fuera de tu alcance. Y si un preparador de taxes te dice que puede conseguirte el EITC con tu ITIN, esa persona está cometiendo fraude y poniéndote en riesgo de multas, de tener que devolver todo el crédito recibido, y de ser prohibido de reclamar el EITC en el futuro incluso si algún día obtienes un SSN. Este es uno de los fraudes más comunes dirigidos a la comunidad indocumentada y necesitas estar alerta.

Sin embargo, hay un crédito muy valioso que sí puedes reclamar con ITIN bajo ciertas condiciones: el Child Tax Credit. Si tus hijos tienen SSN válido, puedes reclamar el Child Tax Credit por ellos aunque tú declares con ITIN. Esto es un beneficio significativo que muchas familias no aprovechan porque asumen que al no tener Social Security no tienen derecho a ningún crédito. Los hijos que nacieron en Estados Unidos tienen SSN por nacimiento, y ese SSN les da acceso al crédito a través de tu declaración. La porción reembolsable del crédito, el Additional Child Tax Credit, también está disponible en esta situación, lo que significa que puedes recibir dinero de vuelta incluso si tu impuesto calculado es bajo.

También puedes reclamar el crédito por otros dependientes, que ofrece quinientos dólares por dependientes que no califican para el Child Tax Credit, aunque este crédito no es reembolsable. Y dependiendo de tu situación, podrías tener acceso a créditos de educación si tú o un dependiente están estudiando en una institución calificada y tienen el número de identificación correspondiente.

Más allá de los créditos, declarar con ITIN te da acceso a algo que no tiene precio monetario inmediato pero que puede tener un valor incalculable a largo plazo: un historial de cumplimiento fiscal documentado. Cada declaración que presentas queda registrada en los archivos del IRS. Cada año que declaras y pagas tus impuestos demuestra que eres una persona responsable, que cumples con tus obligaciones, que contribuyes al sistema y que respetas las leyes del país, al menos en el ámbito tributario.

Y aquí es donde necesito ser cuidadoso pero honesto. No soy abogado de inmigración y este libro no es una guía legal sobre inmigración. Lo que sí puedo decirte es lo que observan muchos profesionales del campo migratorio: un historial limpio de declaraciones de impuestos es un factor que puede jugar a tu favor en ciertos procesos migratorios. Cuando una persona busca un ajuste de estatus, aplica a ciertos programas de alivio migratorio, o enfrenta un proceso ante un juez de inmigración, demostrar que ha cumplido consistentemente con sus obligaciones fiscales puede ser presentado como evidencia de buen carácter moral y de presencia continua en el país. No es una garantía de nada, no es un requisito formal en todos los casos, y cada situación migratoria es diferente. Pero múltiples abogados de inmigración recomiendan activamente a sus clientes que declaren impuestos cada año, precisamente porque ese historial puede ser la diferencia entre una solicitud que se aprueba y una que no.

Hay otro aspecto práctico que muchos desconocen. Si algún día tu situación migratoria cambia y obtienes un SSN, puedes pedirle al IRS que combine el historial de tu ITIN con tu nuevo SSN. Todos esos años que declaraste con ITIN no se pierden. Quedan vinculados a tu nuevo número. Incluso tus contribuciones a Social Security, si trabajaste con un W-2 donde se usó tu ITIN y se hicieron retenciones de Social Security, podrían eventualmente acreditarse a tu cuenta del Seguro Social bajo ciertos programas y circunstancias. El proceso no es automático y requiere gestión, pero la posibilidad existe.

Ahora hablemos de los miedos, porque sé que están ahí y sé que son el principal obstáculo para que muchas personas con ITIN declaren sus impuestos. El miedo más grande es que el IRS comparta tu información con las autoridades de inmigración. Este miedo es comprensible pero, según la ley actual, infundado. La sección 6103 del código tributario federal establece que la información de las declaraciones de impuestos es confidencial y que el IRS no puede compartirla con otras agencias gubernamentales, incluidas las agencias de inmigración, salvo en circunstancias muy específicas que generalmente involucran órdenes judiciales en casos de investigación criminal. El IRS ha reiterado públicamente esta posición en múltiples ocasiones, precisamente para alentar a los contribuyentes con ITIN a que declaren sin temor a que su información se use en su contra migratoriamente.

Dicho esto, necesito ser responsable y decirte que las leyes pueden cambiar. Lo que es cierto hoy puede no serlo mañana si el congreso aprueba nueva legislación. Y las políticas de aplicación de las agencias de inmigración también cambian con cada administración. Por eso, si tu situación migratoria es delicada, te recomiendo que consultes con un abogado de inmigración antes de tomar decisiones que puedan afectar tu caso. Lo que sí puedo decirte con confianza es que la postura legal vigente protege la confidencialidad de tu información tributaria, y que millones de personas con ITIN declaran sus impuestos cada año sin que eso genere consecuencias migratorias negativas.

También quiero abordar un argumento que escucho frecuentemente en nuestra comunidad y que es peligrosamente equivocado: "Si no tengo papeles, para qué voy a declarar, si el gobierno ni sabe que existo." El gobierno sí sabe que existes. Si trabajaste para un empleador que te pagó con cheque, te dio un W-2 o te retuvo impuestos, esa información ya está en el sistema. Si un cliente te pagó más de seiscientos dólares y te dio un 1099, esa información ya fue reportada. Si tienes una cuenta bancaria, si compraste una propiedad, si tienes un carro registrado, hay registros de tu presencia económica en el país. No declarar no te hace invisible. Te hace vulnerable. Porque los ingresos que recibiste ya fueron reportados al IRS por quienes te pagaron, y si tú no presentas una declaración que concuerde con esa información, el IRS puede presentar una declaración sustituta en tu nombre, y te aseguro que esa declaración no va a incluir ninguna de las deducciones y créditos que podrían beneficiarte.

Declarar con ITIN no es un acto de riesgo. Es un acto de responsabilidad y, en muchos sentidos, un acto de protección. Proteges tu derecho a reclamar créditos que te corresponden. Proteges tu futuro migratorio documentando tu cumplimiento fiscal. Proteges a tu familia asegurándote de que estás aprovechando cada beneficio disponible para tus hijos. Y proteges tu tranquilidad mental eliminando la incertidumbre de vivir al margen de un sistema en el que, te guste o no, ya estás participando cada vez que recibes un pago por tu trabajo.

Hay una realidad que nos distingue como comunidad y que el sistema tributario de Estados Unidos no ignora: nuestros lazos financieros con nuestros países de origen. Millones de hispanos en este país envían dinero a sus familias cada mes. Muchos mantienen cuentas bancarias en el país donde nacieron. Algunos tienen propiedades, terrenos, pequeños negocios o inversiones al otro lado de la frontera. Otros reciben herencias, rentas o pagos por la venta de bienes que están fuera de Estados Unidos. Estos vínculos financieros son naturales y comprensibles, pero vienen con obligaciones tributarias que la mayoría desconoce por completo, y cuyo incumplimiento puede resultar en sanciones que hacen palidecer cualquier multa por un error en una declaración de impuestos regular.

Empecemos por lo más común: las remesas. Si envías dinero a tu familia en México, Guatemala, Honduras, Colombia, República Dominicana o cualquier otro país, necesitas saber que esos envíos en sí mismos no son un evento tributario para ti en Estados Unidos. Enviar dinero no genera un impuesto ni requiere un formulario especial en tu declaración de impuestos. Las remesas se consideran transferencias personales, regalos informales de una persona a otra, y la ley tributaria estadounidense no grava los regalos que tú haces. El impuesto sobre regalos, conocido como gift tax, es responsabilidad de quien da el regalo, no de quien lo recibe, pero solo aplica cuando los montos superan ciertos umbrales muy altos que la inmensa mayoría de los hispanos nunca alcanza. Para el año fiscal actual, puedes darle a cualquier persona hasta dieciocho mil dólares al año sin tener que reportar nada ni pagar ningún impuesto sobre regalos. Si le envías a tu mamá quinientos dólares al mes, estás muy por debajo de ese umbral y no tienes absolutamente ninguna obligación fiscal por esos envíos.

Donde la situación cambia es cuando el flujo de dinero va en la dirección opuesta: cuando tú recibes dinero desde el extranjero. Si recibes una herencia de un familiar en tu país, si vendes una propiedad que tenías allá, si cobras renta por un departamento que dejaste en tu ciudad de origen, o si recibes ganancias de un negocio que opera fuera de Estados Unidos, esos ingresos son potencialmente gravables aquí. Estados Unidos grava a sus residentes fiscales sobre su ingreso mundial, no solo sobre lo que ganan dentro del país. Esto significa que si eres residente fiscal de Estados Unidos, ya sea porque tienes green card, porque cumples con el test de presencia sustancial, o porque simplemente vives y trabajas aquí de manera permanente, el IRS espera que reportes todos tus ingresos sin importar de qué país provengan.

Si vendiste un terreno en El Salvador y obtuviste una ganancia, esa ganancia es ingreso que debes reportar en tu declaración federal. Si cobras renta mensual por una casa en Colombia, esas rentas son ingreso gravable aquí. Si recibiste dividendos de una inversión en México, esos dividendos deben incluirse. Ahora, esto no significa necesariamente que vas a pagar impuesto doble sobre esos ingresos. Si ya pagaste impuestos en el país donde se generó el ingreso, puedes reclamar un crédito por impuesto extranjero en tu declaración estadounidense usando el formulario 1116. Este crédito reduce tu impuesto federal dólar por dólar por la cantidad de impuesto que ya pagaste en el otro país, evitando así la doble tributación. El cálculo puede ser complejo dependiendo de los tipos de ingreso y las tasas de ambos países, y en algunos casos puede ser más conveniente deducir los impuestos extranjeros en lugar de tomar el crédito. Un profesional de impuestos con experiencia en asuntos internacionales puede ayudarte a determinar cuál opción es mejor para tu situación.

Ahora llegamos al tema que más sanciones genera y que menos gente conoce: el FBAR. Estas siglas significan Foreign Bank Account Report, y es un reporte que debes presentar si en algún momento del año el valor agregado de todas tus cuentas financieras en el extranjero superó los diez mil dólares. No es un formulario del IRS sino del Departamento del Tesoro, y se presenta electrónicamente a través del sistema BSA E-Filing. El plazo para presentarlo es el quince de abril, con una extensión automática hasta el quince de octubre.

Lo que hace al FBAR tan importante son las sanciones por no presentarlo. Si no presentas el FBAR y el gobierno determina que tu omisión fue no intencional, la multa puede ser de hasta diez mil dólares por cada cuenta no reportada por año. Si determinan que fue intencional, la multa sube al mayor de cien mil dólares o el cincuenta por ciento del saldo de la cuenta al momento de la violación, por cada año. Estamos hablando de sanciones que pueden superar el valor total de las cuentas que no reportaste. Es una de las áreas donde la ley es más severa y donde la ignorancia del requisito no se acepta fácilmente como excusa.

Muchos hispanos tienen cuentas bancarias en su país de origen que abrieron antes de emigrar y que mantienen abiertas para recibir rentas, para tener un fondo de emergencia familiar, o simplemente porque nunca las cerraron. Si el saldo combinado de esas cuentas supera en algún momento del año los diez mil dólares, debes presentar el FBAR. No importa si las cuentas no generaron ningún ingreso. No importa si no moviste el dinero en todo el año. No importa si la cuenta está a nombre tuyo y de otra persona. El requisito se basa en el saldo, no en la actividad.

Además del FBAR, si tus activos financieros en el extranjero superan umbrales más altos, podrías tener que presentar el formulario 8938, conocido como FATCA, como parte de tu declaración de impuestos. Los umbrales para el formulario 8938 son más altos que los del FBAR y varían según tu filing status y si vives en Estados Unidos o en el extranjero. Ambos reportes pueden ser necesarios simultáneamente, ya que cubren requisitos diferentes ante diferentes entidades gubernamentales.

Si descubres que debiste haber presentado FBARs en años anteriores y no lo hiciste, no entres en pánico pero tampoco lo ignores. El IRS tiene procedimientos para que los contribuyentes que incumplieron sin intención maliciosa se pongan al día sin enfrentar las sanciones máximas. El más accesible es el programa de procedimientos simplificados para contribuyentes no intencionales, que permite presentar los FBARs pendientes y las declaraciones enmendadas correspondientes con una certificación de que tu incumplimiento no fue deliberado. Buscar la orientación de un profesional de impuestos con experiencia internacional es altamente recomendable en esta situación, porque los pasos que tomes para corregir el incumplimiento deben ser los correctos desde el principio.

La vida no se detiene mientras pagas impuestos, y cada cambio significativo en tu vida personal tiene consecuencias fiscales que deberías anticipar en lugar de descubrir sorpresivamente en la temporada de taxes. Casarte, divorciarte, tener un hijo, comprar una casa, mudarte a otro estado: cada uno de estos eventos modifica tu panorama tributario de maneras concretas y medibles. Entender esas modificaciones antes de que ocurran, o al menos inmediatamente después, te permite tomar decisiones informadas y aprovechar beneficios que de otra manera se te escaparían.

Empecemos con el matrimonio, que es el evento que más impacto inmediato tiene en tu declaración. El día que te casas legalmente, tu filing status cambia. Ya no puedes declarar como soltero ni como cabeza de familia, al menos no en la mayoría de los casos. Tus opciones pasan a ser casado declarando en conjunto o casado declarando por separado. Como discutimos en el capítulo tres, declarar en conjunto es casi siempre la opción más favorable porque los tramos de impuesto son más amplios, la deducción estándar se duplica y tienes acceso a créditos que se pierden o se reducen cuando declaras por separado.

Pero hay matices que muchas parejas hispanas no consideran. Si ambos cónyuges trabajan y ganan cantidades similares, el beneficio de declarar juntos puede ser menor de lo esperado, o en ciertos escenarios de ingresos altos, la combinación de ambos ingresos puede empujar a la pareja a un tramo superior más rápidamente de lo que estarían individualmente. Este fenómeno se conoce informalmente como la penalización por matrimonio, y aunque las reformas fiscales recientes han reducido su impacto, sigue existiendo en ciertos rangos de ingreso. Por otro lado, si uno de los cónyuges gana significativamente más que el otro, o si uno no trabaja, la ventaja de declarar juntos es enorme porque el ingreso alto se distribuye sobre los tramos más amplios del estatus conjunto.

Algo práctico que muchas parejas olvidan hacer al casarse es actualizar sus formularios W-4 en el trabajo. Si ambos siguen usando el W-4 que llenaron cuando eran solteros, las retenciones no van a reflejar su nueva situación fiscal como pareja, y pueden terminar con una sorpresa desagradable en abril. El W-4 tiene una sección específica para parejas donde ambos trabajan, y tomarse veinte minutos para actualizar ese formulario después de la boda puede evitar meses de ajustes posteriores.

El divorcio es el espejo opuesto del matrimonio en términos fiscales. El día que tu divorcio se finaliza legalmente, tu filing status vuelve a cambiar. Si tienes hijos que viven contigo y mantienes tu hogar, puedes calificar como cabeza de familia, que como ya sabes viene con beneficios significativos. Si no tienes dependientes, vuelves a ser soltero. Las implicaciones van más allá del filing status. Si recibes pensión alimenticia bajo un acuerdo de divorcio ejecutado antes del primero de enero de dos mil diecinueve, esos pagos son deducibles para quien los paga y son ingreso gravable para quien los recibe. Para acuerdos ejecutados a partir de esa fecha, la pensión alimenticia no es deducible ni gravable, lo que simplifica las cosas pero cambia el cálculo financiero para ambas partes. La manutención de los hijos, conocida como child support, nunca es deducible para quien la paga ni gravable para quien la recibe, independientemente de la fecha del acuerdo.

Otro punto delicado del divorcio es quién reclama a los hijos como dependientes. El derecho le corresponde al padre custodio, es decir, al padre con quien los hijos viven la mayor parte del año. Sin embargo, el padre custodio puede ceder ese derecho al padre no custodio firmando el formulario 8332. Esto se hace frecuentemente como parte de los acuerdos de divorcio, donde los padres se turnan años para reclamar a los hijos, o donde uno reclama a ciertos hijos y el otro al resto. Lo importante es que este acuerdo se formalice con el formulario correspondiente y no sea solo un acuerdo verbal, porque el IRS no acepta acuerdos de palabra cuando dos personas reclaman al mismo dependiente.

La llegada de un hijo es fiscalmente uno de los eventos más beneficiosos que existen. Un nuevo dependiente te da acceso al Child Tax Credit, potencialmente al crédito por cuidado de dependientes si pagas por guardería para poder trabajar, y puede determinar si calificas como cabeza de familia si no estás casado. Además, si tus ingresos están dentro de los rangos correctos y tienes SSN válido, un hijo adicional puede aumentar significativamente tu Earned Income Tax Credit. Todo esto se activa en el mismo año fiscal en que nace el niño, aunque haya nacido el treinta y uno de diciembre. Un bebé que nace a las once de la noche del último día del año cuenta como dependiente para todo ese año fiscal.

Lo que muchos padres no hacen a tiempo es obtener el SSN del recién nacido. Generalmente puedes solicitar el SSN como parte del proceso de registro de nacimiento en el hospital, y es la manera más rápida y sencilla de hacerlo. Si no lo haces en el hospital, tendrás que ir a una oficina del Seguro Social con el acta de nacimiento, y el proceso puede tomar varias semanas. Si el SSN no llega antes de que presentes tu declaración, puedes pedir una extensión o presentar sin reclamar al bebé y luego enmendar cuando tengas el número. Pero es mucho más fácil solicitarlo desde el hospital y tenerlo listo para la temporada de taxes.

Comprar una casa cambia tu panorama fiscal de maneras que ya hemos explorado parcialmente en el capítulo de deducciones. Los intereses hipotecarios y los impuestos sobre la propiedad pueden hacer que tus deducciones detalladas superen la deducción estándar, especialmente en los primeros años del préstamo. Pero hay beneficios adicionales que los nuevos propietarios hispanos frecuentemente desconocen. Si sacaste dinero de una cuenta de retiro para el pago inicial de tu primera vivienda, podrías estar exento de la penalización por retiro anticipado hasta cierto monto. Si instalas mejoras de eficiencia energética en tu nueva casa, los créditos que discutimos en el capítulo cinco están disponibles para ti. Y si eventualmente vendes la casa con ganancia, los primeros doscientos cincuenta mil dólares de ganancia están exentos de impuesto si eres soltero, o quinientos mil si eres casado declarando en conjunto, siempre que hayas vivido en la casa al menos dos de los últimos cinco años. Es una de las exenciones más generosas del código tributario y una de las razones por las que la compra de vivienda sigue siendo una de las mejores herramientas de construcción de patrimonio en este país.

Finalmente, mudarte de estado es un cambio que mucha gente no asocia con impuestos pero que puede tener un impacto considerable. Como vimos en el primer capítulo, cada estado tiene sus propias reglas fiscales. Si te mudas de un estado con impuesto sobre el ingreso a uno sin impuesto estatal, como de California a Texas o de Nueva York a Florida, vas a dejar de pagar ese impuesto estatal, lo que puede representar un ahorro de miles de dólares al año dependiendo de tu nivel de ingreso. Pero el año de la mudanza puede ser complicado, porque podrías tener que presentar dos declaraciones estatales: una como residente parcial del estado que dejaste y otra como residente parcial del estado al que llegaste. Cada estado tiene sus propias reglas sobre cómo determinar la residencia y cómo dividir los ingresos del año de transición.

Si te mudas en la dirección opuesta, de un estado sin impuesto a uno con impuesto alto, prepárate para el impacto. Y ajusta tu W-4 inmediatamente para que las retenciones reflejen tu nueva carga fiscal estatal. Conozco hispanos que se mudaron de Texas a California por trabajo, no ajustaron sus retenciones durante meses, y al final del año descubrieron que debían varios miles de dólares al estado de California que nunca anticiparon.

Cada cambio de vida es una oportunidad de optimizar tu situación fiscal si sabes lo que está en juego. Y también es un riesgo de pagar de más o de cometer errores si no anticipas las consecuencias. La clave no es convertirte en experto en cada escenario, sino saber que estos cambios tienen impacto tributario y tomarte el tiempo de investigar o consultar con un profesional cuando ocurran. Veinte minutos de investigación después de casarte, de tener un hijo o de mudarte de estado pueden ahorrarte veinte horas de frustración y cientos de dólares cuando llegue la temporada de taxes.

Capítulo 10 — Planifica y quédate con más

Si has llegado hasta aquí, ya sabes más sobre impuestos que la enorme mayoría de los hispanos en Estados Unidos. Entiendes cómo funciona el sistema, conoces tus formularios, sabes qué deducciones y créditos te corresponden, comprendes lo que significa trabajar por cuenta propia, puedes manejar una carta del IRS sin que te tiemblen las manos, y tienes claridad sobre situaciones especiales que afectan a nuestra comunidad. Todo eso es conocimiento valioso. Pero hay una diferencia fundamental entre saber cómo funcionan los impuestos y usar ese conocimiento para pagar menos de manera legal y consistente. Esa diferencia se llama planificación fiscal.

Hasta ahora, todo lo que hemos discutido en este libro se aplica de manera reactiva. Te sientas en enero, febrero o marzo, miras lo que pasó durante el año anterior y haces tu declaración con la información que ya tienes. Las decisiones ya están tomadas, los ingresos ya se generaron, los gastos ya se hicieron. Lo único que puedes hacer es reportar lo que sucedió y aprovechar las deducciones y créditos que apliquen a hechos consumados. Pero la verdadera estrategia fiscal no ocurre en la temporada de taxes. Ocurre durante los otros nueve meses del año, cuando todavía tienes tiempo para tomar decisiones que van a cambiar el resultado de tu próxima declaración.

La primera herramienta de planificación fiscal está en tu lugar de trabajo y probablemente no la has tocado desde tu primer día de empleo: el formulario W-4. Ya hablamos de él en el capítulo dos como documento informativo, pero ahora necesitamos hablar de él como herramienta estratégica. Tu W-4 controla cuánto te retienen de cada cheque, y ajustarlo correctamente es la diferencia entre prestarle dinero gratis al gobierno durante doce meses y tener ese dinero disponible para ti cuando lo necesitas.

La mentalidad que predomina en nuestra comunidad es querer un refund grande. Se siente como un premio, como un bono anual, como dinero caído del cielo. Pero ya sabes que no es nada de eso. Es tu propio dinero que te devuelven porque te lo quitaron de más. Si tu refund el año pasado fue de cuatro mil dólares, eso significa que te descontaron aproximadamente trescientos treinta y tres dólares de más cada mes durante todo el año. Trescientos treinta y tres dólares mensuales que pudiste haber usado para pagar una deuda con interés alto, para contribuir a una cuenta de retiro, para cubrir gastos de guardería, o simplemente para vivir más cómodamente. Ajustar tu W-4 para que tus retenciones sean más precisas no significa que vas a deber dinero en abril. Significa que vas a recibir un refund más pequeño o cercano a cero, porque durante el año ya te quedaste con el dinero que era tuyo.

¿Cómo lo ajustas? El IRS tiene una herramienta en línea llamada Tax Withholding Estimator que te guía paso a paso. Le ingresas tu información de ingresos, tu filing status, tus dependientes, otros ingresos que tengas y tus deducciones estimadas, y la herramienta te dice exactamente cómo llenar tu W-4 para que tus retenciones se acerquen lo más posible a tu obligación real. Puedes cambiar tu W-4 en cualquier momento del año, no solo al empezar un trabajo nuevo. Si te casaste en junio, tuviste un bebé en agosto, o tu cónyuge empezó a trabajar en octubre, cada uno de esos eventos es motivo para revisar y ajustar tus retenciones. Entrégale el nuevo W-4 a recursos humanos y los cambios se reflejan en tu siguiente cheque.

La segunda herramienta de planificación, y probablemente la más poderosa para tu futuro financiero, son las cuentas de retiro. Si tu empleador ofrece un plan 401(k), estás sentado sobre una de las mejores oportunidades fiscales que existen y hay una probabilidad alta de que no la estés aprovechando al máximo, o de que ni siquiera estés participando.

Un plan 401(k) tradicional te permite contribuir una porción de tu salario antes de que se calculen tus impuestos. Eso significa que cada dólar que pones en tu 401(k) reduce tu ingreso gravable en ese mismo dólar. Si ganas cincuenta mil y contribuyes cinco mil a tu 401(k), solo pagas impuestos sobre cuarenta y cinco mil. Esos cinco mil siguen siendo tu dinero, están creciendo en inversiones dentro de tu cuenta de retiro, pero para efectos fiscales del año actual, es como si no los hubieras ganado. La reducción en impuestos es inmediata y automática, porque tu empleador hace la contribución directamente de tu nómina antes de calcular las retenciones.

Pero aquí viene la parte que mucha gente desconoce y que puede multiplicar tu dinero sin que hagas nada adicional: el employer match. Muchas empresas igualan una porción de lo que tú contribuyes a tu 401(k). Si tu empleador ofrece un match del cincuenta por ciento hasta el seis por ciento de tu salario, eso significa que si tú contribuyes el seis por ciento de tus cincuenta mil dólares, que son tres mil al año, tu empleador añade mil quinientos dólares adicionales a tu cuenta. Es dinero gratis. Literalmente gratis. No tienes que hacer nada más que contribuir lo suficiente para activar el match completo. Y sin embargo, millones de trabajadores hispanos no participan en el 401(k) de su empresa o contribuyen por debajo del nivel necesario para obtener el match completo. Es el equivalente a que tu jefe te diga "te voy a dar un bono de mil quinientos dólares si me lo pides" y tú nunca se lo pidas.

Si tu empleador no ofrece 401(k) o si quieres ahorrar adicionalmente, la IRA tradicional y la IRA Roth son tus alternativas. Ya hablamos de la IRA tradicional en el capítulo de deducciones: contribuyes hasta seis mil quinientos dólares al año y esa contribución reduce tu AGI. La IRA Roth funciona al revés:

contribuyes con dinero que ya pagó impuestos, es decir, no obtienes una deducción hoy, pero cuando saques el dinero en tu retiro, sale completamente libre de impuestos. Incluyendo todas las ganancias que acumuló a lo largo de los años. Para alguien joven que espera ganar más en el futuro y estar en un tramo más alto, la Roth puede ser la mejor opción porque pagas impuestos ahora a una tasa baja y evitas pagarlos después a una tasa potencialmente alta. La decisión entre tradicional y Roth depende de tu situación actual y de tus expectativas futuras, pero lo importante es que contribuyas a una de las dos. Cada año que pasa sin contribuir es un año de crecimiento compuesto que nunca recuperas.

La tercera herramienta de planificación que muchos hispanos pasan por alto son las cuentas de ahorro para gastos de salud, conocidas como HSA, y las cuentas de gastos flexibles, conocidas como FSA. Ambas te permiten apartar dinero antes de impuestos para pagar gastos médicos, pero funcionan de manera diferente y tienen reglas distintas.

La HSA está disponible si tienes un plan de salud con deducible alto, lo que en inglés se llama High Deductible Health Plan o HDHP. Las contribuciones que haces a tu HSA reducen tu ingreso gravable, el dinero crece libre de impuestos dentro de la cuenta, y cuando lo sacas para pagar gastos médicos calificados, tampoco pagas impuestos. Es el único instrumento financiero en Estados Unidos que ofrece triple beneficio fiscal: deducción al entrar, crecimiento libre de impuestos, y retiro libre de impuestos cuando se usa para gastos médicos. El límite de contribución anual para una persona individual es de aproximadamente cuatro mil ciento cincuenta dólares, y para una familia ronda los ocho mil trescientos. A diferencia de la FSA, el dinero en tu HSA no se pierde al final del año. Se acumula indefinidamente y puedes invertirlo igual que una cuenta de retiro. Muchos planificadores financieros consideran la HSA como una de las herramientas más infrautilizadas del sistema fiscal.

La FSA, por su parte, está disponible a través de tu empleador independientemente del tipo de plan de salud que tengas. Te permite apartar hasta cierta cantidad anual, alrededor de tres mil doscientos dólares para gastos médicos, de tu salario antes de impuestos. Ese dinero lo usas durante el año para copagos, medicamentos, lentes, y otros gastos de salud. La desventaja principal de la FSA es la regla de "úsalo o piérdelo": el dinero que no gastes antes de que termine el año, o dentro del período de gracia que tu empleador pueda ofrecer, lo pierdes. Algunos planes permiten transferir una cantidad limitada al año siguiente, pero la mayoría no permite transferir todo el saldo. Por eso, la FSA requiere que estimes con cuidado cuánto vas a gastar en gastos médicos durante el año. Si apartas demasiado y no lo gastas, ese dinero desaparece. Si apartas poco, te pierdes el beneficio fiscal sobre los gastos que pagaste de tu bolsillo.

También existe la FSA para cuidado de dependientes, que te permite apartar hasta cinco mil dólares al año antes de impuestos para pagar gastos de guardería, campamento de día o cuidado de un dependiente que te permite trabajar. Esta FSA es independiente de la médica y puede combinarse con el crédito por cuidado de dependientes, aunque hay reglas que limitan cómo interactúan ambos beneficios. Para una familia que gasta más de cinco mil dólares al año en guardería, que son la mayoría de las familias con hijos pequeños en zonas urbanas, esta FSA representa un ahorro real de cientos de dólares en impuestos.

El cambio de mentalidad que necesitas hacer es dejar de ver los impuestos como algo que sucede una vez al año en abril y empezar a verlos como algo que gestionas durante los doce meses del año. Ajustar tu W-4 es planificación. Contribuir a tu 401(k) es planificación. Abrir y fondear una HSA es planificación. Apartar dinero en una FSA es planificación. Cada una de estas decisiones reduce tu ingreso gravable de manera legal y comprobada, y el efecto acumulativo de hacer varias de ellas simultáneamente puede ser transformador. Una persona que ajusta sus retenciones, contribuye lo suficiente al 401(k) para obtener el match completo, fondea su HSA y usa una FSA para dependientes puede reducir su ingreso gravable en veinte mil, treinta mil o incluso más dólares al año sin hacer nada extraordinario, sin ninguna estrategia agresiva, sin ningún riesgo de auditoría. Solo usando las herramientas que el sistema pone a su disposición.

Esas herramientas están ahí para ti. Llevan años esperándote. Lo único que faltaba era que alguien te explicara que existen y cómo usarlas. Ahora lo sabes.

Cada temporada de taxes, millones de hispanos enfrentan la misma pregunta: ¿lo hago yo mismo o le pago a alguien? Y la mayoría toma esa decisión basándose en el miedo en lugar de en la lógica. Le pagan a un preparador porque tienen miedo de equivocarse, porque siempre lo han hecho así, porque un amigo les recomendó a alguien, o porque la idea de sentarse frente a un formulario de impuestos les produce ansiedad. Y al otro lado están quienes hacen sus taxes solos usando software, a veces sin entender completamente lo que están haciendo, simplemente porque no quieren pagar doscientos o trescientos dólares. Ninguna de estas es una buena forma de tomar la decisión. La buena forma es evaluar tu situación específica, considerar la complejidad de tu declaración, comparar costos y beneficios, y elegir la opción que tenga más sentido para ti este año, no para siempre, sino para la realidad fiscal que enfrentas hoy.

Empecemos por la opción de hacerlo tú mismo con software. Hoy en día existen plataformas de preparación de impuestos que te guían paso a paso a través del proceso de declaración haciéndote preguntas en lenguaje simple, muchas de ellas disponibles en español, y llenando los formularios automáticamente con tus respuestas. Las más conocidas incluyen TurboTax, H&R Block Online, FreeTaxUSA y TaxAct, entre otras. Algunas ofrecen versiones gratuitas para declaraciones simples y cobran por funciones adicionales cuando tu situación es más compleja.

La ventaja principal de usar software es el costo. Para una declaración federal sencilla, puede ser completamente gratis. Para declaraciones más complejas, el costo generalmente va de treinta a ciento cincuenta dólares dependiendo de la plataforma y del nivel de servicio que elijas. Es significativamente más barato que un preparador profesional, y el software incluye revisiones automáticas de errores, cálculos garantizados y la posibilidad de presentar electrónicamente con confirmación inmediata.

La otra ventaja, y esta es menos obvia pero igual de importante, es el aprendizaje. Cuando tú mismo recorres el proceso de declaración pregunta por pregunta, vas entendiendo cómo se conectan las piezas. Ves cómo tu ingreso bruto se convierte en AGI, cómo la deducción estándar reduce tu ingreso gravable, cómo cada crédito impacta tu resultado final. Ese entendimiento es exactamente lo que este libro busca darte, y usar software es la forma más práctica de aplicar lo que has aprendido. No estás firmando algo que no entiendes. Estás construyendo tu declaración con tus propias manos y verificando cada paso.

¿Para quién funciona bien el software? Para personas con situaciones fiscales relativamente directas. Si eres empleado con un W-2 o incluso con dos, si tomas la deducción estándar, si tienes hijos con SSN y reclamas los créditos familiares básicos, si no tienes ingresos del extranjero ni situaciones complicadas de negocio, el software puede manejar tu declaración perfectamente. La inmensa mayoría de las declaraciones de impuestos en Estados Unidos caen en esta categoría, y pagar trescientos dólares a un preparador por algo que podrías hacer tú mismo en una o dos horas con software es dinero que podrías usar mejor en otra parte.

Ahora, ¿cuándo tiene sentido contratar ayuda profesional? Cuando la complejidad de tu situación supera lo que tú puedes manejar con confianza, o cuando el costo del profesional se justifica por el ahorro fiscal que puede generarte.

Si eres trabajador independiente con múltiples fuentes de ingreso y gastos de negocio significativos, un profesional puede identificar deducciones que no sabías que existían y asegurarse de que tus pagos estimados y tu self-employment tax estén correctamente calculados. Si tienes ingresos o cuentas en el extranjero que requieren FBAR o formulario 8938, la complejidad de las reglas internacionales hace que la ayuda profesional sea no solo recomendable sino casi necesaria. Si compraste o vendiste una propiedad durante el año, si recibiste una herencia significativa, si tuviste opciones de acciones de tu empresa, o si enfrentas cualquier situación que involucre formularios que no reconoces, un profesional puede navegar esas aguas mucho mejor que tú solo.

También tiene sentido contratar ayuda si recibiste una carta del IRS que no entiendes o si necesitas presentar una declaración enmendada por un error complejo. Y por supuesto, si simplemente no tienes tiempo ni interés en hacerlo tú mismo y prefieres delegarlo para tener tranquilidad, esa es una razón perfectamente válida siempre que elijas a un profesional legítimo.

Al buscar un preparador, ya sabes del capítulo siete qué señales verificar: PTIN activo, disposición a firmar la declaración, entrega de una copia completa. Pero más allá de eso, hay diferentes niveles de profesionales fiscales y es útil saber la diferencia. Un preparador de impuestos certificado puede manejar declaraciones estándar y moderadamente complejas. Un agente inscrito, conocido como Enrolled Agent o EA, está autorizado por el IRS para representarte ante la agencia en caso de auditoría, lo cual es un nivel de protección adicional. Un contador público certificado, o CPA, tiene la formación más amplia y puede manejar las situaciones más complejas, incluyendo planificación fiscal avanzada, asuntos de negocios y representación ante el IRS. Y un abogado de impuestos es quien necesitas si enfrentas disputas legales con el IRS o situaciones que podrían tener implicaciones penales.

La tarifa de un preparador varía enormemente. Un preparador básico puede cobrar entre ciento cincuenta y trescientos dólares por una declaración sencilla. Un CPA o EA puede cobrar entre trescientos y quinientos dólares por declaraciones moderadamente complejas, y significativamente más para situaciones que involucran negocios, inversiones internacionales o planificación avanzada. La pregunta que debes hacerte no es si puedes pagar la tarifa, sino si el valor que recibes justifica el costo. Si un profesional te encuentra dos mil dólares en deducciones que no habrías reclamado por tu cuenta, los trescientos que le pagaste fueron la mejor inversión del año. Si tu declaración es simple y el profesional no te aporta nada que el software no pudiera hacer, esos trescientos dólares fueron un gasto innecesario.

También existe una opción intermedia que cada vez más plataformas ofrecen: el software con revisión profesional. Tú haces tu declaración usando el software, y antes de enviarla, un profesional la revisa, te señala posibles errores u oportunidades que se te escaparon, y te da el visto bueno. El costo es menor que una preparación completa por un profesional pero mayor que el software solo. Puede ser una excelente opción para quien quiere la tranquilidad de una segunda mirada sin pagar el precio completo de la preparación profesional.

Y no olvides las opciones gratuitas. El programa VITA que mencionamos anteriormente ofrece preparación de taxes sin costo para personas con ingresos hasta cierto umbral. Los voluntarios están certificados por el IRS y muchos sitios ofrecen servicio en español. También existe el programa Tax Counseling for the Elderly, o TCE, que atiende a personas mayores de sesenta años. Y el IRS Free File permite usar software de preparación gratuito si tu ingreso está por debajo de cierto nivel. Antes de pagar a nadie, verifica si calificas para alguna de estas alternativas.

La decisión entre software y profesional no es permanente ni tiene que ser la misma cada año. Puedes usar software durante los años en que tu situación es simple y contratar un profesional el año en que compras una casa, abres un negocio o enfrentas una auditoría. Lo importante es que la decisión sea informada, basada en un análisis real de tu situación, y no en el miedo a un sistema que a estas alturas ya entiendes mucho mejor de lo que te imaginas.

Todo el conocimiento del mundo no sirve de nada si no lo pones en práctica. Y la práctica, en el contexto de los impuestos, no es algo que ocurre una vez al año. Es un sistema de hábitos distribuidos a lo largo de los doce meses que hace que la temporada de taxes sea un trámite simple en lugar de una emergencia anual. Lo que necesitas es un plan de acción concreto, con tareas específicas en momentos específicos, que puedas seguir sin necesidad de ser experto y sin dedicarle más de una hora cada tres meses. Este es ese plan.

Enero es tu mes de arranque. Durante las primeras semanas del año, tu tarea principal es recopilar documentos. Los W-2 y 1099 empiezan a llegar por correo o se publican en los portales en línea de tus empleadores y clientes. Tu trabajo es verificar que recibes un formulario de cada fuente de ingresos que tuviste durante el año anterior. Haz una lista mental o escrita de todos los lugares donde trabajaste, todos los clientes que te pagaron, todos los bancos donde tienes cuentas. A medida que lleguen los formularios, ve colocándolos en la carpeta del año correspondiente, física o digital. Si para mediados de febrero no has recibido un formulario que esperabas, contacta al empleador o cliente para solicitarlo. También es momento de reunir los comprobantes de tus deducciones: recibos de donaciones, el formulario 1098 de intereses hipotecarios, el 1098-E de intereses estudiantiles, los registros de gastos médicos y cualquier otra documentación que vayas a necesitar.

Febrero y marzo son tus meses de preparación y presentación. Si tu situación es sencilla, puedes presentar tu declaración tan pronto como tengas todos tus documentos, lo cual tiene la ventaja de recibir tu refund más rápido. Si tu situación es más compleja, usa estas semanas para organizar la información, elegir si usarás software o un profesional, y preparar tu declaración con calma antes de que llegue la fecha límite de abril. Si eres trabajador independiente, este es también el momento de revisar tus pagos estimados del año anterior y comenzar a calcular los del año en curso.

Abril es el mes de las fechas límite. El quince de abril es cuando vence el plazo para presentar tu declaración federal y para pagar cualquier saldo que debas. Si necesitas más tiempo para presentar, solicita la extensión antes de esa fecha, pero recuerda que la extensión es para presentar, no para pagar. Si eres trabajador independiente, el quince de abril también es la fecha límite de tu primer pago estimado del año en curso, correspondiente al período de enero a marzo. Haz ambas cosas: cierra el año anterior presentando tu declaración y abre el año nuevo enviando tu primer pago estimado.

Mayo y junio constituyen tu primera revisión trimestral. El quince de junio es la fecha límite del segundo pago estimado si eres independiente. Pero más allá de eso, este es un buen momento para hacer tu primera revisión del año. ¿Ha cambiado algo significativo en tu vida desde enero? ¿Te casaste, tuviste un hijo, cambiaste de trabajo, empezaste un negocio secundario? Si algo cambió, revisa tu W-4 y ajústalo. Si eres independiente, revisa si tus ingresos van en línea con lo que estimaste al principio del año o si necesitas ajustar tus pagos estimados para los trimestres restantes. Esta revisión no toma más de treinta minutos y puede evitarte sorpresas en la declaración del año siguiente.

Julio y agosto son meses de mantenimiento. No hay fechas límite fiscales importantes para la mayoría de las personas, pero es un buen momento para revisar tus contribuciones de retiro. ¿Estás aprovechando el match de tu empleador en el 401(k)? ¿Has contribuido a tu IRA este año? Si no lo has hecho, calcula cuánto puedes aportar en los meses restantes para alcanzar tu meta anual. También es buen momento para revisar tu HSA o FSA. Si tienes una FSA médica, verifica cuánto has gastado y cuánto te queda. Si te sobra mucho saldo, planifica citas médicas, exámenes de la vista o compras de medicamentos que puedas hacer antes de que termine el año para no perder ese dinero.

Septiembre marca tu segunda revisión trimestral y otra fecha límite importante. El quince de septiembre es la fecha del tercer pago estimado para los trabajadores independientes. Pero para todos, septiembre es el momento ideal para hacer una proyección de cómo va a quedar tu declaración del año en curso. Ya pasaron ocho meses del año y tienes suficiente información para estimar tu ingreso total, tus deducciones probables y tu impuesto aproximado. Usa la calculadora de retenciones del IRS o simplemente haz los números a mano con lo que ya sabes. Si la proyección indica que vas a deber mucho en abril, todavía tienes tres meses para ajustar: puedes aumentar tus retenciones en el W-4, hacer un pago estimado adicional, o contribuir más a tu 401(k) o IRA para reducir tu ingreso gravable.

Octubre es el mes de las extensiones. Si pediste extensión en abril, el quince de octubre es tu nueva fecha límite para presentar. Si no pediste extensión, este mes no tiene una fecha límite para ti, pero es un buen momento para empezar a pensar en movimientos de fin de año. ¿Quieres hacer donaciones deducibles antes del treinta y uno de diciembre? ¿Hay gastos de negocio que conviene hacer antes de que cierre el año? ¿Necesitas acelerar o diferir algún ingreso? Estas decisiones de optimización se hacen en octubre y noviembre, no en abril cuando ya es demasiado tarde.

Noviembre y diciembre son tus meses de cierre estratégico y tu tercera revisión trimestral. El panorama del año ya está casi completo. Sabes cuánto ganaste, sabes cuánto te retuvieron, puedes estimar tu impuesto con bastante precisión. Ahora es momento de hacer los últimos ajustes. Si vas a contribuir a una IRA tradicional para reducir tu AGI, calcula cuánto necesitas aportar y hazlo antes del cierre del año, aunque técnicamente tienes hasta el quince de abril del año siguiente para hacer la contribución de IRA del año actual. Si tienes inversiones con pérdidas, puedes considerar venderlas antes del treinta y uno de diciembre para usar esas pérdidas como compensación contra ganancias, una estrategia conocida como tax loss harvesting. Si quieres hacer donaciones caritativas deducibles, asegúrate de que se completen antes de que termine el año y obtén los recibos correspondientes.

Enero del año siguiente es la fecha del cuarto pago estimado para independientes, y el ciclo comienza de nuevo. Pero ahora comienzas desde una posición completamente diferente. No llegas a la temporada de taxes buscando papeles desesperadamente. No te sorprende el resultado porque ya lo proyectaste en septiembre. No te angustias por cuánto debes porque fuiste ajustando tus retenciones y haciendo pagos estimados durante todo el año. Y no sientes que el sistema te controla, porque ahora eres tú quien controla tu relación con el sistema.

Este plan de doce meses no es rígido. No tienes que seguirlo al pie de la letra ni dedicarle horas cada mes. Lo que necesitas es incorporar cuatro momentos de revisión al año: uno en la temporada de taxes para presentar tu declaración, uno a mediados de año para verificar que vas por buen camino, uno en septiembre para proyectar y ajustar, y uno en diciembre para cerrar con movimientos estratégicos. Cuatro pausas de treinta a sesenta minutos cada una. Cuatro horas al año repartidas en cuatro trimestres. Eso es todo lo que se necesita para pasar de ser una persona que reacciona a los impuestos a ser una persona que los planifica.

Y cuando ese cambio sucede, cuando dejas de temer la temporada de taxes y empiezas a verla como un proceso ordenado que ya tienes bajo control, algo más profundo cambia también. Cambias tu relación con tu propio dinero. Dejas de sentir que el sistema trabaja en tu contra y empiezas a ver cómo puede trabajar a tu favor. Dejas de regalar dinero por ignorancia y empiezas a quedarte con cada dólar que legalmente te pertenece. Esa transformación, esa confianza, ese control, es el verdadero objetivo de este libro. Y si llegaste hasta aquí, ya está en marcha.

Conclusión: Del miedo al control

Piensa por un momento en la persona que eras cuando abriste este libro. Tal vez eras alguien que cada abril sentía un nudo en el estómago. Alguien que firmaba declaraciones sin entender lo que decían. Alguien que escuchaba las letras IRS y sentía un escalofrío. Alguien que pagaba a ciegas lo que un preparador le pedía sin saber si ese número era correcto, si estaba pagando de más, si estaba dejando dinero sobre la mesa, o si estaba firmando algo que podía traerle problemas. Tal vez eras alguien que evitaba el tema por completo, que cambiaba de conversación cuando se mencionaban los taxes, que postergaba todo hasta el último minuto y que vivía con esa sensación constante de que algo podía salir mal sin saber exactamente qué.

Ahora piensa en la persona que eres en este momento, después de haber recorrido estas páginas. Sabes cómo funciona el sistema tributario de Estados Unidos desde sus fundamentos. Entiendes la diferencia entre impuestos federales, estatales y locales. Conoces tus formularios y sabes qué dice cada casilla de tu W-2 y cada línea de tu 1040. Comprendes qué es el filing status y cómo elegir el correcto puede ahorrarte cientos de dólares cada año. Sabes quién califica como dependiente y quién no, y por qué reclamar incorrectamente puede costarte más de lo que ganas. Entiendes la progresión del ingreso bruto al ingreso gravable y sabes que no pagas impuestos sobre todo lo que ganas, sino sobre una cantidad significativamente menor después de ajustes y deducciones.

Conoces la diferencia entre la deducción estándar y las deducciones detalladas, y puedes decidir cuál te conviene en cinco minutos con una suma simple. Sabes que existen deducciones above the line que puedes tomar aunque uses la estándar, y que cada una de ellas reduce tu ingreso gravable sin ningún riesgo. Entiendes la diferencia crucial entre una deducción y un crédito, y sabes que un crédito reembolsable puede ponerte dinero directamente en el bolsillo aunque tu impuesto sea cero. Conoces los créditos familiares, educativos y de energía que podrían estar esperándote en tu próxima declaración.

Si trabajas por cuenta propia, ahora entiendes por qué el self-employment tax sorprende a tantos y sabes cómo evitar esa sorpresa apartando un porcentaje de cada pago y haciendo tus pagos estimados trimestrales. Conoces los gastos de negocio que puedes deducir y sabes que documentarlos correctamente es tu mejor escudo y tu mejor herramienta de ahorro. Sabes identificar los errores más comunes que se cometen en las declaraciones y cómo el IRS los detecta automáticamente. Sabes reconocer a un preparador fantasma y protegerte de fraudes que apuntan directamente a nuestra comunidad. Y si ya cometiste un error, sabes que puedes corregirlo con una declaración enmendada y que actuar rápido siempre es mejor que esconderse.

Puedes abrir una carta del IRS sin que te tiemblen las manos, identificar el código, entender qué te están pidiendo y responder dentro del plazo con la documentación correcta. Si debes dinero, conoces las opciones: planes de pago, Offer in Compromise, estatus de no cobrable. Sabes que el IRS negocia y que siempre hay una salida legal. Si declaras con ITIN, entiendes tus derechos y tus límites, y sabes que mantener un historial de cumplimiento fiscal puede beneficiarte en el futuro de maneras que van más allá de lo tributario. Si tienes lazos financieros con tu país de origen, conoces las obligaciones del FBAR y sabes que ignorarlas puede costarte mucho más que cumplirlas. Y si tu vida cambia, ya sea por matrimonio, divorcio, un nuevo hijo, la compra de una casa o una mudanza de estado, sabes anticipar el impacto fiscal y tomar decisiones informadas.

Todo ese conocimiento estaba ahí antes de que abrieras este libro. Estaba en el código tributario, en los formularios del IRS, en los sitios web del gobierno. Pero estaba en un idioma que no era el tuyo, en un lenguaje técnico diseñado para profesionales, enterrado bajo capas de jerga y burocracia que lo hacían inaccesible. Lo único que faltaba era que alguien se sentara contigo y te lo explicara como se explican las cosas importantes: con paciencia, con ejemplos reales, en tu idioma, y con respeto por tu inteligencia. Porque tú nunca fuiste incapaz de entender esto. Solo necesitabas la información correcta en el formato correcto. Y ahora la tienes.

Pero el conocimiento sin acción es solo información almacenada. Y tú no leíste este libro para acumular datos en tu cabeza. Lo leíste para cambiar tu relación con tus impuestos, para dejar de perder dinero, para dejar de vivir con miedo y para tomar control de una parte de tu vida financiera que durante demasiado tiempo estuvo en manos de otros. Ese cambio no sucede automáticamente al terminar de leer. Sucede cuando haces algo diferente con lo que aprendiste.

Lo primero que te pido es que tomes tu última declaración de impuestos y la revises con los ojos que ahora tienes. Búscala en tu carpeta, pídele una copia a tu preparador, o descárgala del software que usaste. Siéntate con ella y recórrela línea por línea. ¿Usaste el filing status correcto? ¿Reclamaste todos los dependientes a los que tienes derecho? ¿Tomaste la deducción estándar o detallaste, y fue la opción que más te convenía? ¿Aprovechaste las deducciones above the line que te correspondían? ¿Reclamaste todos los créditos para los que calificas? ¿Los números de ingresos coinciden exactamente con los formularios que recibiste? Esta revisión puede revelarte errores que todavía estás a tiempo de corregir con una declaración enmendada, o puede confirmar que todo estuvo bien y darte la tranquilidad de saberlo con certeza en lugar de asumirlo con esperanza.

Lo segundo que te pido es que implementes el plan de doce meses del capítulo anterior. No necesitas hacer todo de golpe. Empieza con una sola cosa: organiza una carpeta para el año fiscal en curso y empieza a poner ahí cada documento que recibas. Después, cuando llegue el siguiente trimestre, haz tu primera revisión de treinta minutos. Con el tiempo, el sistema se vuelve automático, como cualquier otro hábito que incorporas a tu vida. Dentro de un año vas a mirar atrás y no vas a creer que alguna vez manejaste tus impuestos de otra manera.

Y lo tercero, que es tal vez lo más importante de todo, es que compartas lo que aprendiste. No te quedes con este conocimiento. Llévalo a tu mesa, a tu familia, a tu comunidad. La próxima vez que tu hermano te diga que su preparador le consiguió un refund enorme, pregúntale si revisó la declaración antes de firmarla. La próxima vez que tu vecina te diga que no declara porque tiene miedo del IRS, explícale que la confidencialidad tributaria la protege y que no declarar la pone en más riesgo que declarar. La próxima vez que alguien en tu iglesia o en tu trabajo mencione que no entiende sus taxes, préstale este libro o simplemente siéntate con esa persona y explícale lo básico. Tú puedes ser el puente entre el sistema y las personas de tu entorno que todavía están del otro lado del miedo.

La desinformación fiscal se propaga en nuestra comunidad de boca en boca. Los mitos sobre el IRS, los consejos equivocados sobre dependientes, la creencia de que el refund es un regalo, la idea de que con ITIN no se puede declarar, todo eso se transmite en conversaciones casuales, en cenas familiares, en grupos de WhatsApp. Y se combate de la misma manera: con conversaciones, con información correcta compartida de persona a persona, con alguien que sabe explicándole a alguien que quiere aprender. Cada vez que corriges un mito, cada vez que le enseñas a alguien a leer su W-2, cada vez que le explicas a un familiar la diferencia entre deducción y crédito, estás multiplicando el impacto de este libro mucho más allá de lo que yo podría lograr solo con estas páginas.

La comunidad hispana en Estados Unidos genera billones de dólares en actividad económica cada año. Somos trabajadores, emprendedores, profesionales, padres, madres, abuelos que sostienen hogares y construyen futuros. Merecemos entender el sistema en el que participamos. Merecemos quedarnos con el dinero que legalmente nos pertenece. Y merecemos dejar de pagar el precio de la desinformación. Ese cambio empieza contigo. Hoy. Con la próxima conversación que tengas sobre impuestos.

Antes de cerrar, quiero asegurarme de que no te quedes solo después de la última página. El mundo fiscal cambia constantemente. Las leyes se modifican, los montos se ajustan por inflación, los créditos se amplían o se eliminan, y lo que era cierto este año puede no serlo el siguiente. Mantenerte informado no requiere convertirte en experto ni leer el código tributario en tu tiempo libre. Requiere saber dónde buscar información confiable y tener criterio para distinguir lo que vale de lo que no.

Tu primer recurso debe ser siempre el sitio oficial del IRS en español. Puedes acceder a él escribiendo irs.gov/espanol en tu navegador. Ahí vas a encontrar información sobre prácticamente todo lo que cubrimos en este libro: formularios traducidos, guías para contribuyentes, herramientas de cálculo, y noticias sobre cambios en la ley fiscal. No es el sitio más bonito ni el más fácil de navegar, pero la información es oficial, actualizada y gratuita. Si alguien te dice algo sobre impuestos que suena dudoso, verificarlo en irs.gov/espanol toma menos de cinco minutos y puede ahorrarte un error costoso.

El segundo recurso que debes conocer es el programa VITA, Volunteer Income Tax Assistance. Este programa del IRS ofrece preparación de impuestos gratuita en miles de sitios por todo el país, atendido por voluntarios certificados que están entrenados para manejar declaraciones de personas con ingresos bajos y moderados. Muchos sitios VITA tienen voluntarios que hablan español. Para encontrar el sitio más cercano a ti, puedes usar el localizador en el sitio web del IRS o llamar a la línea gratuita del IRS. VITA es la opción más segura y accesible para quien necesita ayuda profesional pero no puede pagar por ella. Los voluntarios están certificados por el IRS, siguen estándares de calidad, y no te cobran un centavo.

También existe la línea telefónica del IRS en español, donde puedes hacer preguntas generales sobre tu situación fiscal, verificar el estatus de tu refund, solicitar copias de declaraciones anteriores y obtener orientación sobre cartas que hayas recibido. El tiempo de espera puede ser largo, especialmente durante la temporada de taxes, pero es un recurso real que funciona y que muchos hispanos no saben que existe.

Ahora, ¿cuándo buscar ayuda profesional de pago? Ya cubrimos esto en detalle, pero quiero dejarte con una regla simple que puedes aplicar siempre. Si tu situación fiscal te genera más preguntas que respuestas después de leer este libro, busca un profesional. Si tienes un negocio que está creciendo y necesitas estructurarlo correctamente, busca un profesional. Si recibiste una carta del IRS que no puedes resolver por tu cuenta, busca un profesional. Si tienes activos o ingresos internacionales que involucran el FBAR o tratados tributarios entre países, busca un profesional. Y si simplemente quieres la tranquilidad de que alguien con experiencia revise tu trabajo antes de enviarlo, esa revisión profesional vale cada dólar que cuesta. Lo que no debes hacer es buscar un profesional por miedo. El miedo no es un buen criterio para tomar decisiones financieras. La complejidad sí lo es.

Para mantenerte actualizado sobre cambios en la ley fiscal, no necesitas suscribirte a revistas especializadas ni seguir a cientos de cuentas en redes sociales. Basta con que una vez al año, antes de la temporada de taxes, busques información sobre los cambios fiscales del año en cuestión. Los montos de la deducción estándar, los límites de los créditos, los tramos de impuesto, los umbrales de ingreso para el EITC y el Child Tax Credit, todo eso se publica cada otoño para el año fiscal siguiente. Una búsqueda de diez minutos en el sitio del IRS o en cualquier fuente confiable te pone al día con los números actualizados. Los principios que aprendiste en este libro no van a cambiar. Lo que cambia son los montos y los detalles específicos, y actualizarte sobre ellos es cuestión de minutos, no de horas.

También quiero dejarte una advertencia sobre las fuentes de información. En las redes sociales abundan personas que dan consejos sobre impuestos sin tener ninguna calificación para hacerlo. Algunos comparten información correcta, muchos comparten información parcial o desactualizada, y algunos comparten información directamente falsa que puede meterte en problemas serios. Un video de TikTok no sustituye al código tributario. Un consejo de un grupo de Facebook no reemplaza la opinión de un profesional certificado. Antes de actuar basándote en algo que viste en redes, verifícalo en una fuente oficial. Tu bolsillo te lo va a agradecer.

Llegamos al final de este camino juntos, pero tu camino apenas comienza. Cada temporada de taxes que enfrentes a partir de ahora será diferente porque tú eres diferente. Ya no eres la persona que firma sin leer. Ya no eres la persona que le tiene miedo a un sobre blanco. Ya no eres la persona que deja dinero sobre la mesa porque nadie le explicó que estaba ahí. Eres alguien que entiende el sistema, que conoce sus derechos, que sabe aprovechar sus beneficios y que tiene un plan para mantenerse en control todo el año.

El sistema de impuestos de Estados Unidos no fue diseñado pensando en ti. Fue diseñado en otro idioma, con otra lógica, para otra realidad. Pero eso no significa que no puedas dominarlo. Significa que necesitabas un camino diferente para llegar al mismo destino. Este libro fue ese camino. Lo que hagas con lo que aprendiste es tu decisión. Pero si tuviera que apostar, apostaría a que la persona que llegó hasta esta última página no es de las que se queda quieta. Es de las que actúa.

Tu dinero, tus reglas. Ahora de verdad.

www.ingramcontent.com/pod-product-compliance
Lightning Source LLC
LaVergne TN
LVHW022059200926
848481LV00003B/994